나도 아직 나를 모른다

나도 아직 나를 모른다

1판 1쇄 발행 2020. 11. 9.
1판 18쇄 발행 2024. 2. 2.

지은이 허지원

발행인 박강휘, 고세규
편집 박민수   디자인 홍세연   마케팅 윤준원   홍보 이한솔
발행처 김영사
등록 1979년 5월 17일 (제406-2003-036호)
주소 경기도 파주시 문발로 197(문발동) 우편번호 10881
전화 마케팅부 031)955-3100, 편집부 031)955-3200   팩스 031)955-3111

값은 뒤표지에 있습니다.
ISBN 978-89-349-9129-8 03180

홈페이지 www.gimmyoung.com   블로그 blog.naver.com/gybook
인스타그램 instagram.com/gimmyoung 이메일 bestbook@gimmyoung.com

좋은 독자가 좋은 책을 만듭니다.
김영사는 독자 여러분의 의견에 항상 귀 기울이고 있습니다.

이 도서의 국립중앙도서관 출판예정도서목록(CIP)은 서지정보유통지원시스템 홈페이지
(http://seoji.nl.go.kr)와 국가자료공동목록시스템(http://www.nl.go.kr/kolisnet)에서
이용하실 수 있습니다.(CIP제어번호 : CIP2020045465)

나도 아직 나를 모른다

뇌과학과 임상심리학이
무너진 마음에게 건네는 따뜻한 말

허지원

김영사

차례

3부 완벽주의적 불안에 휘둘리지 말 것

4부 의미를 찾으려 하지 말 것

5부 당신에 대해 함부로 이야기하지 말 것

"당신의 과거는 당신의 미래가 아닙니다"

다양한 사람들을 만나 연구나 상담을 진행할 때면, 각자의 이야기 뒤편에 숨은 그림자를 보게 됩니다. 자신이 아는 자기와 사뭇 달라 눈치채고도 못 본 척하거나, 그중 일부를 의식으로 끌어 올리기 전까지 의식의 뒤편에 묻어두었던 자아의 조각들은, 모두 그 사람의 모습이었습니다.

이 책은 당신을 설득하기 위한 책입니다.

낮은 자존감, 불안과 우울, 삶의 의미와 자신의 가치에 대해 생각하느라 자꾸만 스스로에게 무례해지는 당신에게 어쩌면 당신이 틀렸을지도 모른다는 이야기를 하려 합니다. 당신은 당신이 아는 그런 사람이 아니라는 이야기를 계속해서

들려주고 싶었습니다. 할 수만 있다면 정말이지 계속 들려주고 싶습니다.

이 책에서는 뇌과학brain science과 임상심리학clinical psychology이라는 두 가지 측면에서 마음의 문제를 살핍니다. 두 학문 영역은 매우 중첩되어 있어 이를 인위적으로 구분한다는 것이 조금은 마음에 걸렸지만, 같은 주제를 가지고 뇌가 당신에게, 또 마음이 당신에게 하는 이야기를 반복해서 전하고자 합니다.

제 학문적 뿌리인 임상심리학은 임상 실무와 과학적 연구라는 두 개의 축으로 움직이기에, 심리치료를 통해 내담자를 지속적으로 만나면서도 최신 연구 방법론과 연구 결과를 기민하게 익히고 활용해야 하는 분야입니다.

임상 및 상담심리학 전공 석사를 마치고 정신건강의학과에서 3년간 수련을 거친 후 당시에는 다소 생소했던 뇌인지과학과로 박사과정을 선택했던 것은, MRImagnetic resonance imaging(자기공명영상) 기법으로 뇌를 촬영하여 심리치료의 효과를 과학적으로 연구해 보여준다면, 위태로운 상황에 놓인 사람들이 좀 더 서둘러 심리치료를 받기로 마음먹을 수 있지 않을까 하는 생각 때문이었습니다.

그렇게 저는 지난 10여 년간 훌륭한 선생님들과 여러 연구를 진행했습니다. 기분장애, 성격장애, 정신증 고위험군과 자해 및 자살, 인지행동치료 애플리케이션(마음성장 프로그램 '마성의 토닥토닥')과 가상현실 기반 심리치료 프로그램 개발 및 MRI를 이용한 효과 검증까지.

어떤 연구 방법론을 쓰든, 주제가 무엇이든 매 연구를 할 때마다 마음가짐은 똑같았습니다.

단 한 명이라도 살릴 수 있는 연구를 할 것.

다만 대학에서 교육과 연구를 지속하면 할수록, 심리학 및 뇌과학에 관한 밀도 높은 지식을 일반 대중에게 전달할 필요성도 점점 더 무겁게 느끼기 시작했습니다.

과학적 연구를 한결 편안한 글로 대중에게 전달한다면, 단 한 명이 아니라 그보다 많은 사람들에게 '더 살아도 된다, 더 기대해도 된다'고 말해줄 수 있지 않을까.

그런 연유로 첫 책이 나오게 되었습니다.

원고를 위해 제 안의 우울과 불안도 다시금 들여다보느라 글을 쓰는 일이 너무 고통스럽던 중 우연히 〈정신의학신문〉에 글이 연재되어 과분한 반응을 얻기도 했습니다. 그때 피드백을 보내주셨던 많은 분들을 기억합니다. 제 괴상한 유머에 웃어주시고 우연히 본인의 슬픔이 건드려져 한참을 우시던 분들을 기억합니다. '뼈를 때리고 머리를 쓰다듬는다'는 놀라운 평을 주신 분, '다 읽고 난 후의 찜찜함이 없는 글'이라는 제게는 너무나 의미 있는 평을 주신 분, 그리고 아무 말 없이 눈과 마음에 글을 담아주신 모든 분 덕분에 흔들림 없이 원고를 마무리할 수 있었다는 인사를 전하고 싶습니다.

학부와 석사 당시 그야말로 미성숙함의 결정체였던 제게 상담가의 이상적 모델을 보여주신 안창일 교수님과 허둥대는 걸음을 계속해서 살펴주신 학계의 선후배, 동료 선생님들,
과학적 통찰을 끊임없이 아무렇지 않게 보여주셔서 저는 아무 생각 없이 학계에 들어왔다가 그 이후로 지금까지 매일을 '와, 이게 뭐지'로 지내오는 중이지만 그 때문에 늘 감사와 존경의 심정으로 뵙는 권준수 교수님,
그리고 연구 회의 도중 '책을 쓰고 있다'는 저의 근황에 어떤 내용인지 묻지도 않으시고 대번에 추천사를 써주겠다며 호쾌하게 웃으시던, 타고난 연구자이며 타고난 스토리텔러이신 장대익 교수님께도 진심의 감사 인사를 드립니다.

그리고, 오랜 시간 저의 미성숙을 온몸으로 안아 안정 애착으로 들어서도록 저를 재양육해준 사랑스럽고 존경스러운

인품의 남편 이성훈 님과 퇴근하는 제 목에 매달려 매일 행복과 안도에 가득 찬 한숨을 내뱉는 우리 집 어린이에게 말로 다 표현 못 할 사랑과 감사를 보냅니다.

말씀은 않으시지만 어딘가 여러모로 이상한 며느리 때문에 10년 넘게 깜짝깜짝 놀라시는 시부모님께도 감사드립니다.

마지막으로, 저의 모든 문제와 해결책의 기원인 아버지 허홍태 님, 어머니 유영신 님, 쌍둥이 동생 허지수 님께 깊은 감사를 전합니다. 보시기에 아직도 한참은 멀어서 '안에서 새는 바가지가 도대체 왜 밖에서는 안 새는 것인가'를 두고 두고 고민하게 해드려 늘 죄송합니다. 아주 많이 사랑합니다.

2020년 10월
허지원 드림

나도 아직 나를 모른다

1부

노력하되, 애쓰지 말 것

아무리 자존감이 높아 보이는 사람도, 우리와 마찬가지로 어떤 날은 스스로가 괜찮아 보이고(아마 당신은 하필이면 이런 때에 그를 만났 겠지요), 어떤 날은 기분이 바닥 끝까지 가라앉는 경험을 하면서 그저 버티며, 수습하며, 꾸준히 살아갈 뿐입니다.

가면을 쓰고 사는 데
지쳤어요

낮은 자존감

"자존감이 너무 낮은 것 같아요."

K는 면담 중 자신의 낮은 자존감에 대한 이야기를 반복했다.
"어떤 사람을 만나면 이렇게 행동하고, 다른 사람을 만나면 또 다르게 행동하는데, 이게 너무 위선적이고 가식적이라는 걸 저는 계속 의식하고 있거든요. 집에서의 모습과 친구들한테 보이는 모습, 직장에서의 모습이 다 달라요."

그의 목소리는 한없이 가라앉았다.
"그렇게 하루를 보내고 집에 돌아오면 한참을 멍하니 앉아 있어요. 너무 기진맥진해서. 냉장고 문을 열고 한참 동안 냉기를 쐬며 서 있을 때도 있어요. 제가 쓰고 있는 가면을 얼굴에서 떼어 낸다, 뭐 그런 생각을 했던 것 같아요. 주위 사람 모두로부터 사랑을 받으려다 보니 저 자신이 여러 가지 모습으로 조각조각 나는 것 같아요. 혼란스러웠던 시기는 이미 지났고, 이제는 그냥 조용한 지옥에 있는 것 같아요."

K의 말은 마디마디가 견고했으며, 그만큼 생각도 완고했다.
그는 집에 있을 땐 끝도 없이 우울하고 외롭다가도 밖에 나서면 아무 일 없다는 듯 다른 사람들과 잘 어울린다고 했다. 그러다 귀가해서 엄마나 동생 등 가족과 함께 있을 때면 '미친 사람처럼'

짜증을 내고 상처가 될 만한 말을 내뱉어, 가족들의 마음을 상하게 했다.

그의 기억으로는, 초등학교 때부터 엄마뿐인 한부모 가정에서 자라며 집안일을 혼자 도맡아 해내야 했다. 경제적으로 크게 부족함은 없었지만 직장 생활을 하는 엄마를 대신해 자신과 동생을 챙기고 학업을 이어나가는 과정에서, 결코 엄마의 칭찬을 듣거나 인정을 받은 적이 없었다.

"자존감이 한 번도 높아질 수가 없었어요."
다만 엄마를 비롯한 주위 사람들에게 인정을 받으려고 뭐든 열심히 하다 보니 성취 수준이나 대인관계가 그럭저럭 괜찮은 편이라고도 했다. 하지만 불필요할 정도로 잘 위장하고 있던 탓에, K의 마음이 하루에도 몇 번씩 무저갱無底坑으로 떨어지는 것을 아무도 눈치채지 못했다는 게 문제였다.

혼자 있는 시간이 가장 고통스러웠다. 사람들과 함께할 때면 분위기를 띄우려 실없는 농담도 하고, 사람들이 즐거워하는 모습에 기분이 좋아지기도 했다.
하지만 그것도 잠시뿐, 집에 돌아오면 다시 마법에서 풀려난 비참한 꼴이 됐다. 때로는 술에 의존해 잠을 청했고, 언젠가는 사람들이 자신의 본모습을 알아차리고 환멸을 느끼며 떠날 거라는 공포감도 점차 커졌다.

얼마 전에는 퇴근하고 집에 돌아와서 손을 씻다 문득 자해를 해보면 어떨까 하는 생각이 들었다. 이러다 정말 큰일 나겠다 싶었다. 심리치료를 받아보기로 결심한 것은 바로 그때였다.

"이게 다 뭐 하는 짓인가 싶고, 매일매일 가면을 쓰고 연기하면서 사는 데 지쳤어요. 자존감도, 진실함도 없이 이렇게 거짓으로 사느니 세상에서 사라지면 또 어떤가 싶고요."

높은 자존감이라는 허상

자존감self-esteem을 떨어뜨리는 요인은 도처에 산재해 있고, 이것은 우리 뇌에 오래도록 상흔을 남깁니다. 많은 심리학자들과 뇌과학자들이 우리에게 그런 일이 생기는 이유를 추적해왔습니다.

　연구에 따르면, 자존감이 낮아지는 이유는 참으로 다양합니다. 무엇보다 자주 언급되는 것으로는 아이를 양육하는 사람(이하 '주 양육자')의 방임, 무관심, 그리고 신체적·정서적학대가 있습니다. 아이에게 맞는 정서적·물리적 환경을 제공하지 않거나 아예 병리적인 수준으로 아이의 마음에 깊이침투해, 자녀를 제 뜻대로 조종하려는 주 양육자의 태도로인해, 자기 존재에 대한 확신이 몹시 불안정해지는 겁니다.

가족 내 역동力動, Dynamics(대부분 유년기 경험과 관련하여 비의식 수준에서 작동하는 심리적 힘 혹은 내적 긴장 상태)뿐 아니라 개인의 저조한 성취나 외부의 상황들 역시 한몫을 합니다. 친구나 애인을 사귀는 일이 몹시 어려웠거나 집단 따돌림을 당한 경험이 있는 경우(낮은 사회적 성취), 혹은 원하는 직업을 얻지 못했을 경우(낮은 직업적 성취), 자존감은 낮아지기 쉽습니다.

그런가 하면 사회경제적인 측면*에서 내가 남들보다 현저히 낮은 위치에 있다는 생각이 들 때, 우리는 또 한없이 작아지는 느낌을 받습니다. 가정불화도 분명 아이의 자존감을 낮추는 원인이 됩니다.

공격을 받은 경험 역시 위험 요인입니다. 직접 공격을 받지 않았다 하더라도, 약자에게 가학적인 미디어 프로그램과 사회 분위기, 소수자 집단에 대한 차별, 그리고 이에 관한 외상적 경험들 역시 개인의 전 생애에 걸쳐 매 단계마다 자존감을 훼손하는 위험 요인으로 작용합니다.

안타까운 일이지만, 위에 열거한 사건들은 뇌의 기능과

- 심리학 연구에서 개인의 사회경제적 상태socioeconomic status는 개인의 수입, 교육 수준, 주거지의 안정/안전성, 때로는 부모의 수입과 교육 수준 등을 종합적으로 고려해 결정합니다.

구조에까지 그 영향을 미칩니다. 부모의 잘못된 양육, 성취 문제, 공격적인 환경에 노출될 때 뇌는 충분히 자라지 못하거나, 심지어 뇌의 부피가 줄어들기까지 합니다. 뇌의 회백질grey matter 부피가 감소하는 것입니다.

흔히 '뇌' 하면 떠오르는 이미지가 바로 그 뇌의 회백질 입니다. 신경세포가 모여 있고 회색빛을 띠지요. 회백질은 정서, 주의, 기억, 의사결정 등 인간의 모든 정신활동에 관여하기에, 이 회백질의 부피가 줄어들었다는 건 좋은 징후가 아닙니다. 문제 해결에 필요한 하드웨어가 빈약해졌다는 뜻이니까요.

결국 자존감을 낮추는 여러 요인들은 뇌에 영향을 미치고, 뇌의 문제는 또다시 다양한 자존감 문제로 이어질 위험이 높습니다.

방금 '다양한 자존감 문제'라 말한 이유는 낮은 자존감이 정말 다양한 모습으로 나타나기 때문입니다. 성취 욕구가 낮아지거나 우울증 같은 기분장애, 혹은 불안장애를 보일 수도 있으며, 자살 사고suicidal ideation와 자살 시도를 경험하기도 합니다.

반대로, 성취를 지향하는 야망이 지나치게 끓어올라 성공이나 완벽함 같은 특정 가치에 집착하는 사람들도 있습니다. 이 경우 어린 시절에는 잠시 자존감이 높아 보일지 몰라

노력하되, 애쓰지 말 것

도 장기적으로는 자존감이 낮아지게 됩니다. 운이 좋지 않아서, 혹은 나이가 들어서 야망에 걸맞은 성취를 하지 못하면 또 자존감이 곤두박질치는 경우가 빈번합니다.

그러나 표면적으로 드러나는 모습은 다양할지언정, 이 다양한 양상을 관통하는 주제어들이 분명 있습니다. 성취, 그리고 야망입니다.

* * *

일상에서 흔히 쓰이던 '자존감'이라는 용어는 미국 심리학의 아버지라 불리는 윌리엄 제임스William James가 1890년대에 처음 심리학 영역으로 끌어들여 사용하기 시작한 개념입니다. 당시에 그는 자존감을 '성취 수준을 개인의 목표치로 나눈' 비율 공식으로 정의했습니다.

이를 수식화하면 다음과 같습니다.

• 자존감 = 성취 수준 ÷ 야망

성취도 높고 야망도 높으면 가장 좋겠지만, 그게 아니더라도 야망이 적절한 수준이라면 사실 자존감이 낮아질 일은 없습니다. 윌리엄 제임스 역시 높은 자존감을 유지하기 위해서는 성공의 수준을 높이거나 자신에 대한 기대치를 낮추는 것이 현명한 방법이라고 설명했습니다.

그러나 1960년대를 거쳐 1970년대로 접어들면서 자기를 희생해가며 사회에 기여하는 것보다 자기 자신에게 집중하는 것을 더 강조하는 트렌드가 형성되었고, 아이들의 낮은 자존감은 추후 학업 실패로 이어질 것이라는 섣부른 예측마저 생겨나 개인의 자존감에 지나치게 많은 의미를 부여하는 분위기가 조성되었습니다.

개인의 현실적인 상황이라든지, 실은 적절한 수준이었던 원래의 야망은 무시한 채로 더, 더, 더 높은 자존감을 가져야 한다고, 그것이 멋진 사람, 건강한 사람, 성공한 사람의 특성이라고 선전하는 메시지가 만연해졌습니다.

윌리엄 제임스의 저 멋진 통찰에는 귀를 기울이지 않고, 엉뚱하게도 자존감을 높이려면 성취를 해내야 하며, 그 성취를 위해선 더 큰 야망을 가져야 한다는 잘못된 메시지가 대량 생산되기 시작한 것입니다.

특히 1980년대와 1990년대에는 인생의 성공을 설파하는 자기계발서 작가들의 '선무당식' 진단이 이어졌습니다. 그들은 개인의 저조한 성취, 대인관계 문제, 심지어는 살면서 부

노력하되, 애쓰지 말 것

덮치게 되는 갖가지 심리적인 문제들이 모두 낮은 자존감에서 비롯한다는 이론을 폭발적으로 퍼뜨리며 개인의 책임을 끝없이 물었습니다.

'당신이 더 노력하지 않은 탓은 아닌가요?'
'당신은 얼마나 치열하게 살고 있나요?'
'너, 그거 자존감 문제야.'

이제 평범한 사람들 모두가 자존감 문제를 고민하기 시작했습니다. 세계적인 흐름이었고, 심지어는 서너 살짜리 유아들의 자존감을 측정한다는 검사지까지 나오는 지경에 이르렀습니다. 한국에서도 IMF로 마지막 낭만의 시대가 끝난 2000년대 무렵부터, 성취와 실패를 개인의 자질 문제로 돌리며 그 사람의 자존감 문제를 추궁하는 분위기가 무한대로 확산되었습니다. 한편으로 개개인은 낮은 자존감을 남에게 들키지 않으려 점점 더 많은 노력을 해야만 했습니다.

* * *

여기서 분명히 짚고 넘어가야 할 것은, 절대적으로 높거나 절대적으로 낮은 자존감이란 존재하지 않는다는 점입니다.

저는 강의 시간에, 높은 자존감이란 '착한 지도교수'나 '부모의 손이 필요 없는 아이'처럼 세상에 존재하지 않는 신화 속 동물인 유니콘 같은 것이라고 말합니다. 허상입니다.

시중에 범람하는 자기계발서들이 말하는 자존감의 경지는 '굳이 이렇게까지?' 싶은 수준에 이르렀습니다. 우리의 자존감이 그 수준에 도달하는 것은 불가능해 보입니다. 높은 자존감이라는 프레임은 분명 허상에 불과하지만, 이 신기루가 우리의 자존감을 낮추는 경우를 너무 자주 보아왔습니다.

어떤 상황에서도 일관되게 높은 자존감을 가진 사람을 알고 있나요? 실제로 그런 사람이 있을까요? 그럼 자존감이 낮은 사람을 알고 있나요? 음…… 이게 우리지요. 저를 포함한, 우리 모두입니다.

물론 자존감이 '높아 보이는' 사람도 있습니다. 하지만 그 사람 역시 매일매일 위아래로 끊임없이 요동치는 자존감을 끌어안고 살아갑니다.

아무리 자존감이 높아 보이는 사람도, 우리와 마찬가지로 어떤 날은 스스로가 괜찮아 보이고(아마 당신은 하필이면 이런 때에 그를 만났겠지요), 어떤 날은 기분이 바닥 끝까지 가라앉는 경험을 하면서 그저 버티며, 수습하며, 꾸준히 살아갈 뿐입니다.

노력하되, 애쓰지 말 것

그래서 최근에는 상태 자존감state self-esteem이라는 용어를 사용하기도 합니다. 이 말은 삶의 맥락과 고비에 따라 얼마든지 변할 수 있는 자기가치감을 뜻합니다. 또한 이 말은 우리 모두가 상황에 따라 얼마든지 변화하는 유동적인 자존감을 끌어안고 살고 있다는 뜻이기도 합니다.

본인이 '스스로 지각하는' 자존감, 자기가치감이 낮을수록 정신건강 문제의 위험성이 높아지는 경향성은 분명합니다. 그러나 새삼 돌아보면, 자존감 문제는 우리의 인격적 성숙도나 사회적·직업적 성취도가 한결같이 절대적으로 낮아서 생기는 것이 아닙니다. 그건 자신의 성취를 얕잡아보고 스스로를 하대하기 때문에, 남에게도 들이밀지 않을 엄하고 모진 잣대로 자기평가self-rating를 하기 때문에 생기는 일입니다.

우리의 의지와 상관없이 자존감을 강조하는 사회에서 너무나 노력하며 살아왔던 우리 스스로에게 조금은 너그러워졌으면 좋겠습니다. 판타지 소설이나 다름없는 자기계발서 수준에서 내려다보면, 어차피 우리는 지금 다들 엇비슷한 자존감과 섀도복싱 중입니다.

어떤 날은 높아졌다가 어떤 날은 낮아지기도 하는 자존감을, 아무런 가치판단도 없이, 있는 그대로 편안하게 보아줬으면 좋겠습니다.

때로 타인에게 좋은 피드백을 받아 자존감이 높아지는 경험을 한다면, 그건 또 그대로 좋습니다. 감사한 일이니까요. 타인의 평가에 의존하게 될 위험이 있으니 아주 바람직한 방향은 아니지만, 우리의 자존감은 사실 그런 식으로 높아지는 게 맞습니다. 본래 우리 뇌가 그렇게 작동합니다. 우리는 자존감에 상처를 입히는 부정적인 평가보다 듣기 좋은 이야기를 듣고 싶어 합니다.

저명한 신경과학자이자 미국 UCLA 심리학·정신의학·생물행동과학과 교수인 매슈 리버먼Matthew D. Lieberman 박사는 자신의 대표 저서 《사회적 뇌, 인류 성공의 비밀Social: Why Our Brains Are Wired to Connect》 첫머리에 '청중의 반응에 반응하는 뇌'에 관한 내용을 실었습니다.

칭찬은 굉장히 쾌락적인 보상reward으로, 우리 자존감의 토대가 됩니다. 예를 들어 기분 좋은 촉감과 같이 즐거운 물리적 접촉에 반응하는 뇌 영역[1]은, 칭찬처럼 자존감을 높여주는 기분 좋은 심리적 접촉에도 꽤 유사한 활성화 반응을 보입니다.

자존감이 높아진 사람들의 뇌를 들여다보면, 보상적인 쾌락 경험과 관련한 뇌 영역[2]이 자기개념self-concept을 담당하는 뇌 영역[3]과 긴밀히 연결되어 있습니다.[4] 즉 칭찬을 들어 즐거

노력하되, 애쓰지 말 것

움을 경험하면, 이것이 뇌의 쾌락 영역뿐 아니라 자기 자신에 대한 정보를 처리하는 뇌 영역에도 영향을 미칠 가능성이 높습니다.

반면 자존감이 낮아진 사람들은 이 연결성이 눈에 띄게 저하되어 있습니다. 이들은 뇌의 연결 구조상, 칭찬을 들어도 그 칭찬과 자기개념을 별개의 것으로 처리합니다. 긍정적인 피드백보다 부정적인 피드백에 더 집중하는 뇌 활성화 패턴을 보이는 경우도 있습니다.

스스로를 좀 더 자랑스럽게 여겨도 되는데요.

* * *

이렇듯 일반적으로 우리 뇌는 누군가의 칭찬을 받으면 이를 보상적 경험으로 받아들이고, 또 이것이 자기개념으로 연결되도록 프로그래밍되어 있습니다.

여기에 당부하고 싶은 말이 있어 잔소리를 덧붙이고자 합니다. 좋은 평가나 칭찬을 받았을 때, 반사적으로 "아니에요"라고 답하는 습관을 버려야 한다는 것입니다. 칭찬을 듣고 기분이 좋아졌다면 이를 편안하게 받아들였으면 합니다.

물론 갑자기 칭찬을 받으면 조금은 어색하고 불편할 수 있습니다. 스스로 자존감이 낮은 편이라고 생각해온 탓에 뜻밖의 칭찬을 하는 사람에게 다른 의도라도 있는 건 아닌지 의심도 듭니다. 늘 그래왔듯 겸손의 미덕*을 보이려고 "아니에요" 소리를 했을 수도 있겠지요.

그런데 "아니에요"라고 하면 정말 아닌 게 되어버립니다. 자신의 말에 갇혀 '아니지, 내가 잘한 건 아니지' 싶은 마음이 들어버립니다. 듣는 사람도 '어? 아닌가 보네?' 싶습니다.

누군가 칭찬을 해주었는데 자꾸 정색하며 "아니에요"라고 반응하면, 주위 사람들은 점차 칭찬을 주저하게 됩니다. 어차피 아니라고 할 텐데 칭찬을 하면 뭐 하나 싶은 거지요. 그렇게 칭찬받는 빈도가 줄어들면, 우리는 어느 순간 또다시 '생각'에 빠져듭니다.

'왜 아무도 나를 칭찬해주지 않지? 나는 정말 쓸모없는 사람인가?'

---

* 자존감의 문제와 별개로, 어떤 상황에도 자꾸만 겸손을 떠는 사람들 중에는 자기애 narcissism가 굉장한 사람들이 꽤 있습니다. 저의 박사과정 지도교수님은 겸손할 수준도 안 되는 사람의 겸손은 건방이라 하셨지요. '내가 이렇게 큰일을 했는데 왜 사람들이 존경을 표하지 않지?' 하는 식의 과도한 자기애와 욕망을 직접 드러내기엔 너무 위험하니, 이를 정반대로 표현하는 방어기제, 즉 반동 형성reaction formation에서 비롯한 것이 겸손이라는 얘기입니다. 우리는 겸손을 표해도 될 만큼의 대단한 뭔가를 정말로 해내고 나서야 그때 비로소 겸손해지면 됩니다. 사소한 성취에 대한 사소한 칭찬은 그냥 받아들입시다.

노력하되, 애쓰지 말 것

뒤에서 '불안과 완벽주의'를 다루며 다시 이야기하겠지만, 뇌는 자신의 내부와 외부에서 오는 신호들의 간극이나 오류에 점점 더 예민하게 반응합니다. 이런 인지부조화를 해결하기 위해 스스로의 가치를 습관적으로 과소평가하고 타인의 의도를 곡해하는 악순환의 길로 들어설 위험도 높아집니다.

그러니 "아, 네, 말씀 감사합니다" 하고 그저 고마움을 표현하거나, "그렇지요?" 하고 웃어 보이는 연습이라도 이 악물고 해야 합니다. 하다 보면 늘어요. 누군가 당신을 칭찬하면 이런저런 생각에 머물러 불필요한 미로를 구축하지 말고, 그냥 있는 그대로 즐거운 '감정'을 느꼈으면 좋겠습니다.

어릴 적 당신의 뇌는 그렇게 자연스레 작동했습니다. 어른들의 칭찬을 편안히 받아들이며 기분 좋아했습니다. 간헐적이지만 꾸준히 반복되는 긍정적인 피드백을 자연스럽게 받아들이는 과정에서, 그동안 부정적인 반응에만 작동했던 우리 뇌의 배선은 천천히 바뀝니다.

이번에는 정말 잘했을 수도 있습니다.
뇌를 그렇게까지 힘들게 하지 말아요.

천 개의 가면

낮은 자존감은 기분장애나 불안장애, 자살 행위 등과 밀접한 연관을 보입니다.

어떻게 해야 낮은 자존감의 굴레에서 자유로워질 수 있을까요?

자존감의 높낮이는 일차적으로는 부모의 양육 태도에서 많은 부분 결정됩니다. 그러나 몹시 아쉽게도, 우리가 어렸을 때 부모님을 비롯한 우리의 주 양육자들은 심리학 교과서에서 말하는 것처럼 우리를 보살피지는 못했습니다. 20~30대의 주 양육자가 짜증에 치받혀 아이를 감정적으로 대할 때, 아이는 영문도 모른 채 그 부정적인 감정들을 고스란히 받아들여야 합니다. 주 양육자가 자기 삶의 무게에 짓눌려 우울한 삶을 이어가느라 아이를 살피지 못하는 사이, 아이는 자신의 삶, 때로는 부모의 삶의 무게까지도 모두 감당하며 홀로 시간을 견디기도 합니다.

가족을 포함한 사회적 관계가 아이의 자존감 발달에 결정적인 역할을 한다는 사실을 감안할 때 이건 분명 큰 문제입니다. 그러나 많은 심리적 문제가 그렇듯이, 한발 물러서야 전체 그림이 그려질 것입니다.

* * *

나를 출산했을 당시 부모님의 연령을 생각해볼까요? 지금 내 나이와 얼마나 차이가 나나요? 그들의 나이만 떠올려봐도, 그들이 얼마나 어렸고 얼마나 미숙하게 우리를 통제하려 했는지 그 전체적인 광경을 그릴 수 있을 겁니다.

안타깝게도 우리를 주로 양육했던 세대는 따뜻한 애정을 경험하지 못했을 가능성이 큽니다. 혹은 애정을 표현할 기회조차 박탈당했거나 어린 나이에 사회적 압력으로 결혼을 결정해 자기 앞의 생조차 어찌지 못하고 갈팡질팡했을지 모릅니다.

어쩌면 그들은 자신의 성별 정체성gender identity이나 성 지향성sexual orientation을 알지 못했거나 직업적 성취와 관련한 자기의 진짜 욕구를 몰랐을 수도 있습니다. 아무튼 그분들은 자신을 몰랐고, 여전히 미성숙했습니다. 시대가 그랬습니다.

주 양육자의 건강하지 못한 태도에 만성적으로 노출되면, 아이는 자기파괴적인 사고와 감정을 갖게 됩니다. 이해할 수 없는 세상에서 아이가 버티는 방법은 '자기 탓'을 하는 거니까요.

지금 저는 원가족과의 문제로 오랫동안 힘겨워하는 사람들에게 '주 양육자의 사정을 살펴 너그러이 용서하자'는 식의 가당치 않은 감성적인 말을 하려는 게 아닙니다. 다만 우리는 거리를 두고 그때의 상황을 건조하게 바라볼 필요가 있습니다. 그때의 상황을 객관적으로 평가할 때 비로소 엉망으로 엉키고 오염된 지금의 감정을 조금이나마 처리할 수 있기 때문입니다.

"나는 그렇게 부당하게 취급받을 이유가 없었다. 하지만 그런 상황이 있었던 것만은 사실이고, 이것이 나의 잘못이나 결함에서 기인하지 않았던 것도 사실이다. 그들은 그 나이에 알맞게, 형편없이 미숙했다."

주 양육자들이 자신의 삶을 각자의 방식으로 어렵사리

지탱하고 있었다 할지라도, 그들이 우리를 좀 더 따뜻하게 살펴주었더라면 좋았을 것입니다. 적어도, 어떤 의도 없이 그저 눈만 마주쳐도 '네가 어떤 일을 애써 하지 않아도, 그냥 너 자체로 나는 네가 참 좋다'는 웃음을 반복적으로 보여주었더라면, 우리의 삶이 본격적으로 시작될 무렵 우리는 꽤 높은 자존감을 내어 보였을 수도 있었을 겁니다.

그러나 어리고 미성숙한 주 양육자는 더 어렸던 우리를 제대로 돌볼 수 없었습니다. 우리의 자존감을 건강한 수준으로 높이는 과제에 '그들이' 실패를 한 것입니다. 참으로 아쉬운 일이지만, 운 나쁘게 일어난 과거의 사건입니다.

* * *

하지만 당신에게 꼭 하고 싶은 질문이 있습니다. 그들의 실패가 꼭 나의 실패로 이어져야 할까요? 그 오랜 이야기들이 오늘 당신의 일부를 만든 것은 분명합니다. 그런데 지금 당신의 나머지는 어떤 모습인가요?

과거의 여러 상황들로 자존감이 높아질 기회가 부족했을 수 있습니다. 그럼에도 당신은 '하필 내게 찾아온 불운'에 머물러 있기보다는 당신과 당신의 자존감을 보살피기 위해 지금 이 책을 읽고 있는 것이라 생각합니다.

그러니 여기에 자존감을 높이는 몇 가지 방법을 덧붙이고자 합니다.

첫째, 가족과 뒤엉켜 분노를 표출하는 일은 도움이 되지 않습니다. 더군다나 최근 연구들에 따르면 화는 표출할수록 더욱 커집니다.

카타르시스는 타인의 이야기를 관찰할 때 경험할 수 있습니다. 책을 읽거나 영화를 보거나 음악을 들을 때처럼요. 그러나 실제의 대상에게 정리되지 못한 분노를 표현하는 것은 그 이후의 불쾌감과 죄책감, 수치심을 더 높일 뿐입니다.

가족들에게 화도 내보았을 테지요. 그런다고 풀릴 일은 없었습니다. 아무런 소득도 방향도 없는 정서 표현을 왜 계속하고 있나요. 그렇게 해서 분이 풀리고 문제도 풀린다면야 막진 못하겠지만, 화로는 '아무것도' 풀리지 않습니다.

말려들지 마세요. 그보다는 나의 자존감을 낮추는 가족과 가능하다면 물리적으로 심리적으로 분리되어야 합니다. 특히 주 양육자에게 무조건적인 지지와 수용을 받지 못한 경험이 당신에게 낮은 자존감을 가져다주었다고 판단했다면, 이제는 성숙한 수준의 재양육reparenting을 제공해줄 수 있는 편안한 사람을 만나 성숙한 내면을 구축할 기회를 갖는 것이

노력하되, 애쓰지 말 것

중요합니다.

　여기서 말하는 편안한 사람, '나'라는 존재를 있는 그대로 긍정해주는 사람은 심리치료자일 수도 있고, 사랑하는 사람일 수도 있고, 자기 자신이 될 수도 있습니다.

　이들과 마음을 나누는 과정에서 당신을 응원하거나 지지하는 말이 들려오면 그 역시 받아들이세요.

　상대의 호의적인 태도에 자꾸만 의도가 무엇인지 파악하려 들거나 딴죽 걸지 마세요.

　당신 자신은 보지 못하거나 보기를 두려워하는 당신만의 장점을, 상대는 보고 있는 거예요. 당신에 대한 수없이 많은 이야기들을 있는 그대로 받아들여, 흩어져 있던 자신의 조각을 천천히 재구성하세요.

* * *

둘째, 자존감이 '높은 척'해야 합니다. 그렇다고 해서 표면적인 자신감만 높은 사람들의 태도를 따라 하라는 이야기는 아닙니다. 내공 높은 자존감을 가진 사람들이 할 법한 행동이 나의 태도에 스미도록 매일 꾸준히 연습하세요.

- 자기 삶에 충분히 집중하는 '척'하기
- 중립적인 이야기에도 과잉 방어하고 정색하는 패턴을 부디 억제하고, (설사 마음이 불편해졌더라도) 아무렇지 않은 '척'하기
- 불편한 상황에서 유머로 적절하게 받아치는 '척'하기
- 혼자 밥을 먹거나 홀로 있는 시간을 자연스럽게 받아들이는 '척'하기
- 실패나 성공의 가능성이라든지 주위의 평판에 초연한 '척'하기
- 마지막으로, 모든 일을 일일이 페이스북이나 인스타그램에 드러내지 않기

이런 '척'은 어느 순간 여러분에게 안정적이고 효과적인 '가면'을 만들어줄 것입니다.

사실 스위스의 정신의학자 카를 구스타프 융Carl Gustav Jung이 고대 그리스의 연극에서 사용하던 가면인 페르소나persona를 심리학적 의미로 빌려왔을 때는, 이 말이 지금처럼 부정적인 의미가 아니었습니다.

융에 따르면, 사람은 누구나 사회적 압력에 적절히 반응하기 위해 '천 개의 가면'을 가지고 살아가며, 다양한 상황에 따라 적절한 페르소나를 사용해 사회적 관계를 맺어가는 존재입니다. 다만 이러한 페르소나와 관련한 억압, 고립감, 혹

노력하되, 애쓰지 말 것

은 팽창이 병리적 문제가 되는 것입니다.

가면은 다양할수록 좋습니다.

혼자 있을 때의 나, 다른 사람들과 함께 있을 때의 나, 그리고 사회생활을 할 때의 나는 당연히 서로 달라야 합니다. 만일 당신이 집에서와 똑같은 모습, 똑같은 태도로 중요한 모임에 참석했다면 그것이 오히려 병리적인 상태입니다.

만일 당신이 친구 A를 B에게 처음 소개했는데, A가 거짓된 자기를 보이기 싫다며 집에서 하던 대로 말하고 행동한다면, 당신도 B도 A의 무례함에 너무나 당혹스럽겠지요.

'자신만 아는 자기'와 '타인에게 보이는 자기'가 똑같아야 한다는 생각에 집착한다면, 그게 자존감 높은 사람의 특성이라고 오해한다면, 이 생각은 수정되어야 합니다. 자신의 여러 모습 중 타인에게 받아들여지기 힘든 부분이 있을 수 있습니다. 그러나 이를 지나치게 의식하고 의미를 과도하게 부여하면, 자신의 취약한 모습까지 모두 받아주는 사람만이 진짜 친구, 진짜 사랑이라는 환상을 갖게 되기 쉽습니다.

당신의 낮은 자존감과 관련한 모습들은 당신과 당신의 심리치료자만 알면 족합니다. 당신과 당신의 치료자는 이 낮은 자존감을 다루는 방법을 알아나가야 합니다. 하지만 주위의 모든 사람에게 당신이 갖고 있는 온갖 측면을 보여주고, 일일이 설명하고, 변명하려 하지 마세요. 그들도 각자의 무거운 삶을 매일 살아가며, 때론 당신만을 위한 가면을 쓰고 있습니다.

성격personality이라는 말이 페르소나, 즉 가면에서 파생되었듯이 우리의 성격은 본래 다차원적이고 복잡합니다. 꽤나 사교적이지만 동시에 혼자 있는 걸 좋아할 수도 있고, 타인에게 공감을 잘하지만 누구보다 타인을 신랄하게 비판할 수도 있는 게 우리들입니다.

다시 말하지만, 괜찮아요. 천 개의 가면은 낮은 자존감의 발로가 아닙니다. 마음을 할퀴며 아파할 문제도 아니고, 삶을 가로막는 장애물은 더더욱 아닙니다.

자존감이 높아 보이는 가면을 하나쯤 가지고 있어도 좋고, 타인에게 친절하며 사회성이 좋아 보이는 가면이 있어도 좋습니다. 무리가 되지 않는 선에서 상황에 맞게 적절히 사용할 수만 있다면 그런 가면은 얼마든지 가져도 됩니다.

우리의 가면은 낮은 자존감에서 비롯한 가식도, 타인의 비위를 맞추려는 위선도 아닙니다. 그저 지혜롭게 살아가는 데 필요한 삶의 기능이자 기술일 뿐입니다.

오늘의 숙제는 이렇습니다

당신의 자존감이 일관되게 낮은 편인지, 때때로 높아지기도 하는지, 생각해보니 그럭저럭 괜찮은 편인지, 구체적인 사례를 들어 스스로를 다시 천천히 살필 것.

그리고 여전히 자신을 낮게 평가하는 습관을 쉽게 떨치지 못한대도 우리의 너무나 다면적이고 다층적인 자존감과 성격을 고려해, 가끔은 '오, 오늘 나 좀 괜찮았어' 하며 기분 좋은 자존감 상승을 경험할 것.
이 성장의 순간들을 부디 단단히 기억할 것.

그렇게 우리는 매일 조금씩 더 괜찮은 사람이 될 거예요.

죄송합니다,
제가 워낙 부족한 탓입니다

외현적 자존감과 내현적 자존감

P는 업무 능력과 사회성이 나쁘지 않은 것으로 보였다. 그러나 편안하게 사람들을 대해도 되는 상황에서조차 "제가 부족해서 그래요" "제가 너무 몰랐습니다" 같은 말을 과도하게 반복하는 습관 탓에, 주변 사람들은 P를 대하는 일이 더욱 불편해졌다.

이런 말투는 치료 회기 중에도 어김없이 반복됐다. 지난 사건들을 관통하는 심리적 주제들을 명료화clarification해주거나 P가 보인 행동을 해석interpretation해주려 하면 "그때는 제가 너무 부족했어요" "진짜 제 탓이 맞네요" 하며 과도하게 순종적인 모습을 보였다.

이런 식으로 상담의 흐름은 자주 끊겼고, 더 깊은 수준의 통찰로 이행되기가 어려웠다. 그런 이유로 P와의 심리상담은 시간이 흘러도 처음에서 몇 발짝 더 나아가기가 어려웠다.

사실 P가 심리치료를 결심한 것은 겉으로는 그렇게 자책의 태도를 보여도, 마음에서 끓어오르는 분노를 조절하기 어려웠기 때문이다. 이제는 불편한 감정이 얼굴 표정으로 순간순간 드러나기 일쑤였고, 누적된 분노가 폭발할 타이밍만 기다리고 있다는 느낌이 들었다.

P의 표현에 따르면, 어느 순간부터 회사에서 업무를 진행할 때 '아무리 찰떡같이 말을 해줘도 개떡같이 알아듣는' 후배들 때

문에 분노가 치밀어 자꾸 정색을 하게 됐고, 그래서 분위기가 서먹해지는 일이 잦아지곤 했다. '선배 같지도 않은 선배'와 작업할 때면 일단은 지시에 순응하지만, 시키는 업무 하나하나에 부아가 치밀어 일을 엉망으로 처리했다가 여러 차례 싫은 소리를 듣기도 했다.

이쯤 되니, 이런 일이 생길 때마다 P가 어김없이 동료들에게 보내는 '저 때문에 불편을 드려 미안합니다' 따위의 문자메시지에 동료들은 더 이상 답하지 않았다. 자신의 부족함을 입 밖으로 표현하는 상황이 반복되는 가운데 그의 표면적인 자존감은 바닥을 내리찍고 있었고, 사람들은 이제 P가 정말로 그런 생각을 하고 있는 것인지 의심이 들 정도였다. 무엇에 그렇게 혼자 화가 났다가, 또 갑자기 미안하고 송구한 것인지, 같이 있기에 도저히 편한 사람이 아니었다.

노력하되, 애쓰지 말 것

'발끈'이라는 말의
동의어는 낮은 자존감

나의 자존감이 어느 정도 수준인지 잠시 생각해봅시다. 그럭
저럭 괜찮은 편인가요? 역시 낮은가요? 혹은 너무 높은 편인
가요?

　대부분의 사람들은 자신의 자존감을 낮게 평가하는데, 이
경우 밖으로 표출되는 행동은 크게 두 가지로 나뉩니다.

　먼저 자존감이 낮아 사회적으로 위축되는 사람들이 있습
니다. 이들은 타인 의존적이기에 자신에 대한 평판에 신경을
곤두세웁니다.

　그럴 때마다 본인은 무슨 일에든 쉽게 슬퍼하거나 감동
하는 감성적인 성격 탓이라고 말하지만, 정확히는 정서적 불

안정성이 두드러져서 금세 마음이 이리저리 휘청대고 안절부절못하는 것입니다.

정식 심리학 용어는 아닌데 '착한 아이 증후군'이라는 말이 있습니다. 타인 의존적인 사람들은 흔히 이런 말로 자신의 성격에 이름을 붙이고 말 뿐, 자신의 무의식적 욕구나 불안을 차마 직면하지 못하고 모르는 척합니다. 나에게 불친절한 환경에서 생존하려다 보니, 나를 압도하는 외부 대상들에게 부정적인 감정을 드러내지 않는 습관이 굳어진 것입니다. 이런 사람들은 기억도 나지 않을 만큼 아주 오래전부터 타인에게는 짐짓 관대한 태도를 보이고, 자기 자신은 매우 가혹하게 몰아붙입니다.

이 길 끝에 뭐가 있느냐 하면, 자기 능력보다 훨씬 더 낮은 성취 수준이 기다리고 있습니다. 본인이 가진 자원이 100이라고 할 때, 어찌 된 일인지 이들의 성취 수준은 70, 80에 머무릅니다.

이들에게는 유독 생의 마디마다 유사한 경험이 반복됩니다. 자기 능력으로 충분히 감당할 만한 결정적인 성취의 순간에 갑자기 엉뚱하게 행동하여 성공을 회피하거나 지연시키는 모습을 보이는 겁니다.

노력하되, 애쓰지 말 것

자신은 성공할 자격이나 능력이 없다고 생각하기도 하고, 자신이 실제로 성공을 해서 경쟁심 많은 누군가의 비난의 대상이 될 것을, 혹은 지지부진한 성취를 보이는 또 다른 사람들에게 의도치 않은 상처를 줄 것을 지레 겁내기도 합니다. 이런 불안은 의식의 수면 위로 올라올 수도 있고, 무의식 수준에서 움직일 수도 있습니다.

그래서 이들은 결정적인 순간에 실제로 몸 어딘가가 아프거나, 뭔가 마음에 들지 않는다며 중도에 일을 포기하곤 합니다. 일이 꽤나 진전된 어느 시점에 이르러 도리어 모호한 부적절감을 경험하며, 다음 단계로 나아가기를 멈추는 것입니다. 그러다 보니 어릴 적 꿈꿨던 자리가 아닌 곳에 와 있는 자신을 문득 발견하고는 마음이 무너지는 경험을 하기도 합니다.

더는 '착한 아이' 노릇 하고 싶지 않다는 생각에, 또 '내가 이렇게까지 했는데 저 사람은 뭐지?' '나는 꿈이 참 많았는데 지금 이 상황이 뭐지?' 싶은 마음에 걷잡을 수 없는 분노에 휩싸이기도 합니다. 주위 사람들은 '화를…… 내? 저 사람이?' 하며 당혹해할 테고요.

이와는 반대로 자신의 낮은 자존감에 뭔가를 덕지덕지

덧붙여 지나치게 보상compensation하는 전략을 택하는 경우도 있습니다. 이런 사람들은 오만하고 거만한 태도로 거드름을 피웁니다. 매사에 자기과시적이며, 특히 남들에게 완벽주의적인 모습을 보여주려고 애씁니다. 누구에게도 환영받기 힘든 꼴사나운 모습이지만, 이들은 본인의 매력도와 능력치를 과대평가하고 있어 좀처럼 행동이 수정될 여지가 없습니다.

본인들 말에 따르면, 어릴 때는 조금 위축되는 부분도 있었고 가끔 대인관계에 문제도 있었지만 지금은 타인에게 관대하며 자기 삶을 둘러싼 모든 면에서 자신감에 차 있다고 합니다. 주위 사람들은 그런 이야기를 들을 때면 '관대라고요? 그렇게 화를 내고?' 싶겠지만 입 밖으로 이 말을 내지는 않을 겁니다. 어차피 안 들릴 이야기니까요.

* * *

자존감이 낮아 보이는 사람과 낮은 자존감을 과잉 보상해온 사람 모두 뜬금없는 지점에서 분노나 경쟁심을 드러낼 때가 있습니다.

타인의 결점이나 실수에 발끈하며 불같이 화를 낸다든지, 실제로 그렇게까지 큰일이 아닌데도 타인을 험하게 비난합니다. 자기의 자존감이나 존재 이유에 위협이 감지되면 주위

노력하되, 애쓰지 말 것

사람들이 당황할 정도로 선제적인 공격을 시도합니다.

'발끈'의 동의어는 '낮은 자존감'인 것입니다.

P의 경우가 그렇습니다.

한데 '그 사람의 자존감이 낮은지, 혹은 높은지'를 질문하는 것은 사실 누군가의 행동을 이해하는 데 별 도움이 되지 않습니다. 이 질문은 좀 더 정확히 수정될 필요가 있습니다. 단순히 자존감 높낮이를 물을 것이 아니라 '외현적 자존감explicit self-esteem과 내현적 자존감implicit self-esteem의 관계가 어떠한지'를 살펴야 합니다.

결론부터 말하자면 P는 외현적 자존감은 낮고, 내현적 자존감은 높은 사례입니다.

자존감은 크게 외현적 자존감과 내현적 자존감으로 나뉩니다. 외현적 자존감은 자기선호, 자기수용, 자기가치감처럼 겉으로 드러나는 자존감입니다. 타인의 눈에 비치는 자기 모습을 (자기 딴에는) 합리적이고 의식적인 수준에서 평가합니다. 의도적이며 통제 가능한 명시적인 자존감이지요.

'나는 그래도 이런 배경에서도 이런 성취를 해왔고, 이런 사람들을 만나고 이런 외모를 갖고 있는 사람이야'라는 식으로 자기를 자신 있게 평가한다면 외현적 자존감이 높다고 할 수 있습니다.

이에 비해 내현적 자존감은 우리 내면에서 비의식적이고 자동적으로 작동합니다. 암묵적 수준에서 복잡하게 돌아가는 내현적 자존감은 다음과 같은 특징을 띱니다.

첫째, 내현적 자존감은 전前의식적preconscious입니다. 전의식은 지그문트 프로이트Sigmund Freud가 제안한 개념입니다. 평소엔 잊고 있지만 무의식 수준으로 억압된 건 아니어서, 질문이나 단서가 있으면 회상을 통해 의식의 수면 위로 떠올릴 수 있는 것들입니다.

예를 들어 초등학교 때 어떤 학생이었는지 묻는 질문에, 까맣게 잊고 있던 기억이 되살아나 '아, 그러고 보니 나 그때 그런 아이였네!' 하고 반응할 때 이 전의식적 자존감이 드러납니다.

둘째, 내현적 자존감은 자동적이며 연합된 형태를 보입니다. 내현적 자존감은 내겐 너무나 익숙해져 통제할 필요나 통제할 기회도 없이 자동적인 수준에서 작동하는 자판기 같은 자존감입니다.

과거와 유사한 상황이 되었을 때 어김없이 튀어나오는

노력하되, 애쓰지 말 것

부정적인 자기인식 같은 것을 들 수 있을 텐데, 예전의 나쁜 기억을 떠올리게 하는 상황에 놓이면 '아, 맞다, 내가 원래 그렇지 뭐……' 하며 습관처럼 자책하는 것이지요. 겉으로는 자존감 높은 사람처럼 보여왔을지라도, 과거의 영향을 떨쳐 버리지 못하는 모습이 이때 관찰됩니다.

셋째, 내현적 자존감은 재빠르게 비언어적 모습을 드러냅니다. 내현적 자존감은 '나는 이러저러한 사람이다'라는 말로 표현되는 것이 아니라, 자기 자신에 대한 '왠지 모르게 그냥 그런' 생각과 이미지로 나타납니다.

모호한 자극에 자유롭게 반응하도록 지시하여 자신의 독특한 심리적 상태를 검사 자극에 투사하도록 하는 심리검사법인 투사검사projective test 가운데 '사람-나무-집' 그림 검사라는 것이 있습니다. 여기서 개인이 가진 자존감의 단편들이 빈번히 관찰됩니다. (구체적으로 어떤 반응이 나오는지는 이 책에 기록하지 않겠습니다. 혹시라도 나중에 심리검사를 받을 때 당신이 의식하게 될 수 있으니까요.*)

---

* 심리학에서는 이를 '반응 오염'이라고 부릅니다. 심리검사의 채점 방식을 아는 이상, 진솔한 반응을 하기가 어려워지고 오염된(의도적인) 반응을 하기 쉽습니다. 이 때문에 제대로 훈련받은 임상심리 전문가들은 TV에 출현해 그림 검사를 일일이 해석하는 일은 하지 않습니다. 윤리 규정에 어긋나는 일이기 때문입니다.

넷째, 내현적 자존감은 자기개념과 밀접하게 관련된 자의식 정서self-conscious emotion와 연결되어 있습니다. 그래서 내현적 자존감이 불안정한 경우, 평상시엔 잘 모르고 지내다가도 문득문득 죄책감, 모멸감, 수치심, 시기심 같은 부정적인 자의식 정서가 치밭쳐 올라오며 무너지는 경험을 하게 됩니다.

이러한 개인의 외현적 자존감과 내현적 자존감은 감정, 사고, 기억, 행동 등 여러 측면에서 구별됩니다.

* * *

그렇다면 뇌는 외현적 자존감과 내현적 자존감을 어떻게 처리하고 있을까요?

일반인을 대상으로 한 기존의 연구들은 두 자존감과 관련한 뇌 영역이 중첩되어 있고 뚜렷한 구분이 어렵다는 보고를 해왔습니다.[5] 다중복셀패턴분석multi-voxel pattern analyses, MVPA이라는 분석 기법의 도입으로 보다 세밀한 뇌 영상 분석이 가능해져, 2018년에는 내현적 자존감을 처리하는 영역이 뇌의 보상 회로reward-related regions와 유독 관련 있다는 연구가 발표되기도 했지만, 이 논문의 저자들 역시 (뇌내 보상 영역은 원래 외현적 자존감과도 관련이 있다는 기존의 연구들을 고려할 때)

노력하되, 애쓰지 말 것

외현적 자존감과 내현적 자존감에 유사한 영역이 관여한다고 잠정적으로 결론을 내린 바 있습니다.

흥미로운 점은, 이 보상 영역은 다른 사람들에게 인정이나 칭찬을 받는 경험으로도 활성화되고, 감사gratitude의 감정을 가질 때에도 활성화되는데, 실제로 자기 삶의 가치 있는 측면을 자주 알아차리며 감사 경험을 많이 하는 분들은 외현적·내현적 자존감이 높습니다. 인과관계는 더 따져보아야 할 일이고 이 새로운 가설을 반복 검증해봐야 할 일입니다. 그러나 현재 어떤 길의 중도에서 지금 당장 누군가에게 지지와 인정을 받을 상황이 못 된다면 내 삶에서 감사할 일들을 조용히 떠올려보는 것이 자신의 보상 회로 혹은 자존감을 일깨우는 데에 '나쁘지 않은 방법'일 수 있겠습니다. 밑져야 본전인 정도로 해보세요.

한편, 대부분의 연구들이 심리적 문제가 없는 정상군을 대상으로 했다는 제한점 역시 제기되고 있습니다. 실제로 자존감 저하를 보이는 임상군에서는 조금 다른 양상이 관찰되

• 감사해하는 특질trait gratitude과 내현적 자존감에 대한 2019년의 연구에서는 우울감을 통계적으로 배제할 때에도 이 둘 간 관련성이 유효함을 밝혔습니다. 다만 남성에게서는 이런 효과성이 나타나지 않았습니다.

고 있습니다.

주요 우울장애major depressive disorder 환자의 뇌 기능 패턴을 탐색한 2015년의 연구에서, 긍정적이거나 부정적인 자기 관련 정보를 뇌가 어떻게 처리하는지 살핀 적이 있습니다. 특히 외현적 처리 혹은 암묵적 처리와 관련한 우울 환자 특유의 신경 활동이 어떤 특성을 보이는지에 집중했지요.

이 연구에서 도출된 두 가지 주요한 결과는 다음과 같습니다.

먼저, 만성적으로 우울한 환자가 자신의 우울과 관련된 부정적인 단어 자극들(예를 들어 우울, 눈물, 죄책감 등)을 처리할 때 자존감의 허브 영역[6]이 지나치게 과잉 활성화될 것이라는 일반적인 예측과는 달리, 이 자존감 영역의 활동성은 오히려 현저히 저하되어 있었습니다.

우울한 사람들의 내측 전전두피질은 어째서 그런 우울한 단어들에 좀처럼 반응을 하고 있지 않았던 걸까요? 정상 대조군의 뇌는 새로 들어오는 정보에 줄기차게 반응을 하고 있었는데 말입니다.

이 결과는 우울한 분들이 우울을 오래 경험하면서 이제는 정서적으로 둔감해진blunting 반응으로 볼 수 있습니다. 이미 긴 시간 우울감에 침잠해 있어, 부정적인 자극에 더는 특별한 반응을 보이지 못하는 것입니다.

'나는 못났고, 게으르며, 쓸모없는 사람이라는 것을 잘 알고 있다. 재능이 없고, 유머가 없으며, 매력적이지 않다는 것은 분명한 사실이다.'

이런 왜곡된 믿음을 가지고 자신의 결함에 대한 지극히 자의적인 증거들을 견고하게 쌓아올린 이들의 뇌에는, 자신과 관련한 부정적인 정보들이 새삼스럽지 않았던 것입니다. 즉 무력감이 깊어질 때 자기 관련 정보들은 그것이 즐거운 내용이건 우울한 내용이건 간에 더는 뇌를 일렁이게 하지 못합니다.

다음으로, 이 연구는 우울한 사람의 저하된 대뇌 활동성이 자기 관련 정보를 외현적으로 처리하는 것과 서로 연관되어 있음을 보여주었습니다. 반면 우울한 사람 특유의 내현적 정보 처리는 현재의 연구 방법론으로는 확인할 수 없었습니다. 보통 사람들처럼 외현적 자기 정보 처리와 내현적 자기 정보 처리가 비슷한 뇌 영역에서 이루어질 줄 알았는데, 그렇지 않았던 겁니다.

자신에 대한 암묵적인 태도를 실험 과정에서 발현시키고 측정하기란 상당히 까다로운 탓에, 연구 방법론상에 제한이 많았던 것은 큰 아쉬움으로 남습니다. 분명 추후의 연구들을 통해 내현적 자존감의 이상성과 관련한 뇌 영역도 밝혀지리라 생각합니다.

이를 위해 지금까지의 연구 결과를 지지하거나 반증하는 다양한 연구들이 계속 진행될 필요가 있습니다. 혹은 이런 연구에 흥미가 있어 이 어려운 내용을 읽고 또 읽는 당신이 새로운 아이디어를 제안할 수도 있겠고요.

* * *

결론은, 본인의 자존감이 어딘가 잘못되어 있다고 느끼는 사람들은 단순히 자존감의 높낮이만 파악해서는 문제를 해결할 수 없다는 것입니다.

언뜻 드높은 자존감을 표출하고 있는 것처럼 보여도, 실제로는 내면의 자존감이 만성적으로 취약해져 불안정하게 표류하고 있을지도 모를 일입니다. 또 표면적으로는 엉망으로 낮은 자존감을 드러내면서도, 속으로는 한껏 높은 자기과대감으로 타인에 대한 분노감이 높아져 있을 수도 있습니다.

뇌내 활동성을 포함해 여러 측면에서 외현적 자존감과 내현적 자존감이 각기 다른 형태로 작동하고, 뇌의 다양한 영역에서 엇박자의 소리를 내기 시작할 때, 하나로 통합되지 못한 이 산만한 마음의 조각들은 우리의 효율적인 대처 능력을 떨어뜨립니다. 여러 연구들에 따르면, 이 두 자존감 사이의 간극이 클수록 심리치료에 대한 반응도 좋지 않고 문제가 장기화됩니다. 어쨌든 더욱 명료하게 그 정체를 이해하기 위해 외현적 자존감과 내현적 자존감이 어떤 방식으로 뇌를 작동시키는지는 좀 더 연구해볼 일입니다.

굶주리고, 분노하고, 비어 있는 자아

외현적 자존감과 내현적 자존감이 동시에 높은 '안정적인 자
존감'의 소유자란 존재할까요? 성인군자 반열에 오른 그런
사람들이 어딘가엔 있겠지요. 하지만 저를 포함해 평범한 우
리는 아닐 겁니다.

　우연한 문제들로 외현적 자존감과 내현적 자존감이 모
두 일관되게 낮은 경우는 우리가 흔히 아는, 전통적 의미에
서 자존감이 낮은 사람들입니다. 만성적으로 자기의심과 열
패감에 시달리고 타인이 건네는 칭찬을 어색해하는 까닭에,
결국 모든 사람이 차마 긍정적인 피드백을 주지 못하게 되는
유형이지요.

　이런 자존감 유형은 이 책에서 계속 다룰 테니, 여기서는

먼저 외현적 자존감과 내현적 자존감의 차이에 바탕을 둔 분류에 집중하고자 합니다. 내 안의 적을 알아야 이기는 방법을 모색할 수 있으니까요.

밖으로 드러나는 외현적 자존감은 낮지만, 웬일인지 암묵적인 내현적 자존감이 꽤나 높은 상태를 '손상된 자존감damaged self-esteem, with high implicit but low explicit self-esteem' 유형이라 부릅니다.

반면 겉으로 드러나는 모습은 꽤나 괜찮아 보이는데, 의외로 내현적 자존감이 형편없는 상태를 '취약한 자존감fragile or defensive self-esteem, with high explicit but low implicit self-esteem' 유형이라 부릅니다.

이 두 가지 다른 유형의 자존감은 상당한 분노를 마음 깊이 꾹꾹 누르며 억압해온 결과라는 공통점이 있습니다. 집단따돌림, 입시 혹은 입사 실패 같은 특정한 이유로 자기가치감에 흠집이 생겨 주눅 들어 있는 '손상된 자존감'을 가진 사람의 내면에도, 외상적 경험이 티 나지 않도록 그럭저럭 잘 덮고 살아왔으나 오랜 기간 형성된 자동적이고 부정적인 자존감을 어찌할 줄 몰라 사소한 일에도 휘청거리는 '취약한 자존감'을 가진 사람의 내면에도 분노는 꼭꼭 들어차 있습니다. 두 부류 모두에게서 신체적·정신적 건강 문제가 빈번한 것은 당연한 일이지요.

* * *

분노를 공통적인 정서로 갖고 있지만, 이 두 자존감 유형이 보이는 문제의 양상은 아주 다릅니다.

'손상된 자존감' 유형은 그나마 내현적 자존감이 높으니 무슨 문제가 있을까 싶겠지만, 실제로 자살 충동이 있는 우울증 환자나 신경성 폭식증 환자 가운데는 오히려 내현적 자존감이 높은 사람들이 있습니다. 연구에 따르면, 과거에 우울을 겪었던 사람들도 이 '손상된 자존감'을 보이는 경향이 있습니다.

좌절의 경험으로 위축되고 주눅 든 태도를 보이는 이 유형의 사람들은, 스스로를 살리기 위한 자구책으로 내현적 자존감을 높이려는 듯합니다. 이상적 자아ideal self와 현실적 자아actual self 사이의 간극이 너무나 크고, 절망적인 상황이나 반복되는 실패 때문에 지속적으로 외현적 자존감이 낮아질 경우 어떻게든 자기개념을 보호하기 위해 보이지 않는 자존 감을 비대하게 만드는 방법을 택하는 것입니다. 불안과 우울로 마음이 짓눌리는 만큼, 다른 사람 눈에 띄지 않는 곳에서 이들의 내현적 자존감은 높아집니다.

이렇게 걱정스러울 정도로 높아진 내현적 자존감은 '세상의 비난은, 지금의 실패는, 내가 더 잘되기 위한 밑거름이야!' 하는 식의 정신적 승리감을 찾게 만듭니다. 과대한 내현적 자존감에 부응하려다 보니 성취에 대한 야망과 완벽주의 경향성 또한 한없이 높아집니다. '내가 이 정도 목표는 달성해야지!' '내가 이 정도 체중은 유지해야지!' 하며 자신을 몰아붙이는 것이지요.

'취약한 자존감' 유형은 어떨까요. 겉으로 보이는 자신만만한 모습과 달리 낮은 내현적 자존감을 가진 이 유형의 사람들은 외부의 습격을 방어하고자 안간힘을 씁니다. 특히 이들은 어느 자존감 유형의 사람들보다도 외부 평판에 민감하기 때문에, 자신에 대한 피드백에 대해서는 아무리 사소한 것이라도 모조리 반응하려 듭니다.

이들의 뼈대 없이 와들와들 흔들리는 가냘프고 불안정한 내현적 자존감은, 어린 시절 경험한 주 양육자의 변덕스럽고 일관성 없는 양육 방식처럼 부정적인 대인관계에서 기인하는 경우가 많습니다.

이들은 여러 형태의 성취를 이뤄오면서 그나마 외현적 자존감은 차츰 높여왔을 수도 있습니다. 그러나 갑작스러운 위협을 감지하면 자신을 지켜내기 위해 타인을 노골적으로 경멸하고 무시하며 비난하는 태세를 취합니다. 실제로 이 과정에서 세상이 자신의 태도에 반응하는 것을 확인하게 되면 (당연하겠지요, 상대도 가만있지는 않을 테니), '내가 그럴 줄 알았다'며 자신의 분노를 합리화합니다. 다시금 자아는 비대하게 팽창하고 고양됩니다.

미국의 정신분석학자 오토 컨버그Otto Kernberg는 이렇게 과대한 자기애를 '굶주리고, 분노하고, 비어 있는 자아a hungry, enraged, empty self'에서 벗어나려는 (여러 경험을 통해 습득된) 방어 태세라고 설명합니다.

이제 외현적 자존감과 내현적 자존감이 이루는 임상 양상을 대략 이해하셨으리라 생각합니다. 두 자존감의 관계와 삶의 맥락에 따라 실제로 파생되는 문제는 매우 다양하지만, 여기서는 고질적인 문제만 하나씩 이야기하고 넘어가려 합니다.

* * *

에피소드의 P처럼 외현적 자존감은 낮고 내현적 자존감은 지나치게 높은 분들이 있습니다. 삶을 주도적으로 이끌어나가는 에너지가 저하되어 있고 과잉 순응적인 이 '손상된

노력하되, 애쓰지 말 것

자존감' 유형은 내면의 분노감을 숨기려는 의도로 '반동 형성'reaction formation이라는 방어기제를 사용합니다.

어떤 사람이 몹시 좋은데 이를 숨기려고 괜스레 심한 장난을 치거나, 어떤 선배가 미워 죽겠어도 이를 은폐하려고 과도하게 칭찬하거나, 혹은 아예 군말 않고 무조건 복종적인 태도를 취하는 식입니다.

하지만 이런 태도는 생각보다 빨리 상대에게 읽힙니다. 받아들이는 사람 마음이 왠지 편하지 않기 때문이지요. 남들과 의견이 다를 때, 자기 기분이 상했을 때 상대에게 대놓고 반박하진 않아도 은근한 방식으로 상황을 불편하게 만드는 수동공격 형태가 P 같은 사람들에게서 자주 관찰됩니다.

그러니 당신이 늘 '네네' 하며 지나치게 굽실거리는 말투, 입에 발린 칭찬, 지나치게 머리를 조아리는 습관을 가지고 있다면 다시 한 번 그 근원을 생각해봐야 합니다.

정말로 당신은 그 사람을 존중하고 존경하고 있나요? 그 사람은 정말 그렇게나 맞는 말을 하고 있는 걸까요? 그는 그 정도 칭찬을 들을 만한 사람인가요?

만일 그렇지 않다면, 왜 그토록 자기를 낮추고 상대의 비위를 맞추고서는 또다시 기진맥진하거나 불쾌해하고 있는 걸까요?

* * *

한편, 내현적 자존감이 낮지만 외현적 자존감은 높아서 다른 사람 눈에 굉장한 일을 해온 듯 보이는 '취약한 자존감' 유형은 내면의 분노감을 숨긴 채로 타인에게 관대한 척하며 살아갑니다.

그러다 타인의 중립적인 행동이나 말이 자신을 뒤흔들려는 의도를 품고 있다는 근거 없는 의심에 꽂히면 즉시 반격을 시작합니다. 반격은 언제나 지나치거나 얼토당토않아서 뒤늦은 후회를 불러오는 일도 반복됩니다. 그런 때에는 대개 수치심을 느끼고요.

이때 수치심은 연쇄적으로 다른 부정적인 감정들을 증폭시킵니다. 나의 부끄러움을 감추기 위해 더 흥분하며 분노를 끌어올릴 수도 있고, 수치심이 깊은 우울과 죄책감으로 이어지는 경우도 흔합니다. 이어지는 다른 감정들에 치이다가 상대에게 사과할 타이밍을 놓쳐 이 부적절한 상황이 장기화되기도 합니다.

주위 사람들로부터 "네가 왜 그렇게 갑자기 화를 내는지 모르겠다"라는 말을 두세 차례 이상 들어본 적이 있다면, 자신의 분개와 격노가 시작되려는 시점에 재빨리 그 분노 폭발

노력하되, 애쓰지 말 것

의 방향과 강도가 적절한지 곱씹어봐야 합니다. 다른 사람이 문제였다기보다 우리의 내현적 자존감이 안녕하지 못한 상태일 가능성이 높습니다.

그게 어렵다면, 자존감이 이상적인 수준으로 높은 상상의 인물을 어서 떠올려보는 것도 좋은 방법입니다. 안팎으로 높은 자존감을 안정적으로 유지하는 사람이라면 과연 이 타이밍에 화를 낼지 시뮬레이션해보는 겁니다. 그런 다음에 분노의 수위는 물론, 정말로 이 시점에서 분노 폭발을 개시할지를 다시금 결정해야 합니다.

아주 힘든 일이겠지요. 그래도 끊임없이 연습해야 합니다. 습관적으로 날카로운 방어 태세가 올라오는 패턴이 고착되면, 오토 컨버그가 아니라 오토 컨버그 할아버지라도 우리를 구하지 못합니다.

오늘의 숙제는 다음 질문으로 대신하고자 합니다.

"당신의 자존감은, 어떻습니까?"

2부

타인을 시험에 들게 하지 말 것

반드시 진심은 통할 거라는 어리석은 자기애적 다독임에 빠져 주위
사람들에게 자신을 알아달라고 채근하는 경우가 많습니다. 그러나 자
존감이나 자기가치에 대해 큰 의심이 없는 사람은 나의 진심이 타인
에게 받아들여지는 일에 그다지 큰 의미를 두지 않습니다.

나를 인정해줘

자기수용

L은 유명한 NGO 단체를 언급하며 자신이 그 단체의 사업 본부장이라는 말로 자기소개를 했다. 본부장들 가운데 제일 어리다는 그는, 조직도까지 일일이 설명하는 모습이 무척이나 열정적으로 보이는 사람이었다.

일만 바라보다 아직 결혼도 안 했다면서 그동안 어떤 어려움을 어떻게 헤쳐 여기까지 왔는지를 장황하게 설명할 때는 마치 아침방송에 나온 출연자 같았다. 그의 활약을 듣고 있노라니, 그의 단체는 빈껍데기에 불과하다는 착각마저 들었다. 자신의 헌신적인 노력 덕택에 단체의 실적이 날로 향상되고 있다는 말을 할 때는 얼굴에 만족감이 가득 비치기도 했다.

하지만 L에게도 문제가 있었다. 본부장으로 승진하면서부터 이전과는 다른 묘한 불편감이 생겨났는데, 특히 팀원들에게 뭔가 지시하는 과정에서 에너지가 너무 많이 소모된다는 게 마음에 걸렸다.

그는 팀원들에게 어떤 일을 왜 해야 하는지 이해를 구하기 위해 모든 상황을 지나치게 자세히 설명하려 들었다. 또한 그 과정에서 본부장이자 멘토로서의 역할에 충실해야 한다는 생각에 갖가지 조언을 덧붙이다 보니 늘 이야기가 길어졌다. 그는 온 힘을 다해 노력하면 자신이 상대를 얼마나 아끼는지 진심이 전해질 거라 여겼다.

얼마 전 새로운 인턴들이 들어온 뒤로 L의 이야기는 조금씩 더 길어지기 시작했다. 큰 호응이 없거나 경탄의 표정이 보이지 않으면 원하는 반응이 나올 때까지 이야기가 늘어졌다. 처음엔 자신의 태도나 이야기의 패턴이 예전과 다르다는 사실을 몰랐지만, 언젠가부터 팀원들에게서 '좀이 쑤시는 듯한' 표정을 눈치채곤 몹시 석연찮았고 때로는 언짢은 기분이 들었다.

그러다 인터넷에서 우연히 '꼰대의 특징'이라는 글을 읽고 L은 이것이 자기 모습과 흡사하다는 생각에 가슴이 심하게 두근거리기 시작했다. 거기에 묘사된 전형적인 꼰대의 모습은 자신이 팀원들을 대하는 태도와 너무도 닮아 있었다.

'주변 사람들은 나를 이렇게 보는 걸까?'

그때부터 L은, 더 이상 자신의 진심이 통하지 않을 것 같다는 느낌 때문에 두근거림과 울렁거림이 가시지 않았다. 더구나 초등학교 고학년 때 이사를 하면서 중학교 진학 전까지 '은따'(은근한 따돌림)를 당하며 일찌감치 사회적 관계에서 배제되는 고통을 알았던 탓인지 지금의 상황이 너무나 버거웠다. 후배들 눈치를 자꾸 살피게 되고, 이런 문제에 고통스러워하는 자기 모습에 또다시 화가 났다.

'초연해질 수는 없는 걸까? 애초에 내가 다른 사람을 신경 쓰는 것이 문제였던 걸까?'

타인을 시험에 들게 하지 말 것

아직 자신과 딱 맞는, 진심이 통하는 사람을 만나진 못했지만 앞으로 결혼하고픈 생각도 있었기에, 지금의 이 이상한 위화감을 해소하지 않으면 삶의 여러 국면에서 문제가 터져 나올 것만 같았다. 이런 자신이 초라해 보였고, 자존감이 자꾸만 낮아지는 것 같았다. 그래서 대인관계 기술, 혹은 무신경의 기술을 배우겠다는 생각으로 심리치료 전문가를 찾았던 것이다.

이런 L에게서는 초기 면담 첫마디부터 마무리 멘트까지, 치료자를 지나치게 배려하고 의식하는 듯한 모습이 두드러졌다. 경직된 반응과 너무도 똑 떨어지는 태도에, 상담실을 나선 이후 L의 번아웃이 걱정될 정도였다.

나는 왜 나를 가만히 놔두지 못할까?

세상은 높은 자존감의 장점을 소리 높여 외칩니다.

반면, 높은 자존감 신화에 깃든 치명적인 단점들은 상대적으로 많이 가려져 있습니다. 사람들은 낮은 자존감이 가진 뜻밖의 자질을 귀히 여기지 않습니다. 높은 자존감과 낮은 자존감은 제각기 장단점이 있음에도 무턱대고 높은 자존감만을 강조하는 자기계발서가 수도 없이 많습니다.

한데 그 내용을 확인해보면, 자존감의 부분적인 특성만 지나치게 일반화해서 과학적 연구 결과를 오도하는 주장, 극단적으로 높거나 극단적으로 낮은 자존감을 대상으로 진행된 연구를 부분적으로 취사선택해낸 주장이 주를 이룹니다.

하루에도 몇 번씩 오르락내리락 부침을 거듭하는 자존감의 파형을 간과한 것이지요.

자존감이 높은 사람이 타인에게 좋은 첫인상을 심어주는 건 사실입니다.

그러나 스스로 높은 자존감을 갖고 있다고 보고하는 사람들을 연구해보면, 이들의 사회적 관계의 질이 유난히 높은 것도 아니고, 대인관계를 특별히 오래 유지하는 것도 아니었습니다.

오히려 지나치게 자기중심적인 태도를 보여 고립되거나, 본인이 세상을 통제하는 능력이 높다고 자신하기 때문에 '내가 마음만 먹으면 언제든……' 하는 생각으로 음주나 흡연처럼 건강에 해로운 행동을 남들보다 일찍 실행하고 대수롭지 않게 여기는 것으로 나타났습니다.

반면 낮은 자존감을 지닌 사람들은 세상의 변화와 피드백에 예민하고 항상 남들 눈에 자신이 어떤 모습으로 비칠까 염려하기에 큰 실수가 적은 편입니다. 또한 이들은 자존감이 높은 사람들에 비해 스스로 뭔가 부족하다는 생각을 갖고 있어, 자신의 성취를 위해서건 성격적 성숙을 위해서건 간에 부단히 또 부산하게 여러 노력을 기울이기도 합니다.

낮은 자존감의 부정적인 측면은 분명 존재하고, 이 책에서도 그런 점을 계속 다룰 것입니다. 하지만 이번만큼은 낮은 자존감을 지닌 사람들을 안심시키는 이야기를 하고자 합니다.

* * *

우리가 휴식을 취하고 있을 때 뇌는 어떤 패턴을 보일까요? 이에 관한 연구가 버랏 비스월Bharat Biswal의 학위논문 중 일부로 발표됐을 때만 해도, 그 내용이 뇌인지과학 분야에 얼마나 큰 영향을 미치게 될지 누구도 짐작하지 못했습니다.

뇌 기능을 MRI 스캐너로 살펴보면 서로 긴밀히 연결된 뇌의 영역들이 어디인지, 혹은 시소를 타듯 정반대로 일을 하는 영역들은 어디인지를 확인할 수 있습니다.

특이하게도 비스월은 사람이 아무 일도 안 하고 가만히 쉬고 있을 때resting-state의 뇌 기능, 즉 뇌의 휴지기 기능적 연결성resting-state functional connectivity을 조사했습니다. 그는 임상 증상이 없는 일반인부터 기분장애, 알츠하이머형 치매, 자폐 스펙트럼 장애를 가진 대상에 이르기까지 다양한 집단에 대한 뇌의 연결성 연구를 진행했습니다.

타인을 시험에 들게 하지 말 것

결과는 놀라웠습니다. 뇌는 한시도 쉬지 않고 작동하고 있었던 겁니다. 눈을 감고 그냥 누워 있을 때조차, 뇌내에서는 다양한 영역들이 서로 연결되어 일을 하고 있었습니다. 이 내용을 정리한 1995년의 논문은 현재까지 8,000여 건의 연구에 인용될 정도로 뇌과학계에 큰 파장을 일으켰습니다 (2020년 구글 학술검색Google Scholar 기준).[7]

그중 '깨어 있으면서도 아무 일 없이 쉬고 있음'과 관련된 네트워크를 특별히 '디폴트 모드 네트워크default mode network' (이하 DMN)라고 합니다. 이 이름을 붙인 신경과학자 마커스 라이클Marcus Raichle의 2001년 논문 피인용 횟수는 2020년 현재 1만 1,000회를 넘어섰습니다.

2010년 《브레인Brain》이라는 권위 있는 학술지에 DMN을 흥미로운 관점에서 해석한 논문이 한 편 게재됐습니다. 이 논문에서, 세기의 천재로도 꼽히는 세계적인 신경과학자 칼 프리스턴Karl J. Friston 교수 등은 휴지기의 DMN을 프로이트가 말한 '에고Ego'의 기능 하나하나에 대응해 설명합니다.

프로이트에 따르면, '에고'는 우리의 성격 구조 가운데 환경적 압력이나 실제 여건을 고려하여 합리적 선택을 하는 자아입니다. 에고는 현재 현실적인 상황을 충실히 반영한 현실 원칙reality principle을 우선적으로 고려합니다. 원초적인 욕망과 본능을 좇고 쾌락 원칙pleasure principle에만 집중하는 성격 구조인 '이드ld'와 대비되지요.

휴지기 뇌 상태를 '에고'로 치환해 설명하려는 시도가 다소 당혹스럽게 느껴질 수도 있을 텐데요, 이 주장이 어느 날 갑자기 등장한 건 아닙니다.

이는 우리가 아무 일도 안 하며 쉬고 있을 때 활성화되는 뇌내의 DMN이 자기 관련 정보를 처리하는 뇌 영역과도 겹치고, 타인 관련 정보를 처리하는 뇌 영역과도 겹친다는 내용의 연구 결과가 오랫동안 수없이 누적되어왔기에 가능한 주장이었습니다.[8] 한마디로 우리는 가만히 누워 있을 때조차, 자기와 타인에 대한 정보를 처리하는 뇌 영역만큼은 좀처럼 쉬게 하질 못한다는 겁니다.

이러다 보니 자기와 타인 지각을 담당하는 특정 뇌 영역들을 쉼 없이 준비시키되, 쾌락이나 흥분과 관련한 뇌 영역은 차분히 억제되어 있는 DMN이 어떤 연구자들에게는 꼭 프로이트가 말한 '에고'의 물화物化로 비칩니다.

그러니 이렇게 생각해봅시다.

우리 뇌는 본래 조금도 쉬지 않고 움직이게끔 만들어져 있습니다. 자기지각 및 사회적 관계에 관한 일에는 더욱 그렇습니다. '이렇게까지' 나와 타인을 의식하게 되어 있는 것이 당연합니다.

'나는 왜 좀처럼 나를 쉬게 두지 않을까' 싶은 생각이 든다면, 이건 DMN이, 에고가 잘 작동하고 있다는 증거일 수 있습니다.•

불의의 사건들로 마음이 취약해져 있을 때, 내 모습을 의식하고 타인을 지나치게 신경 쓰는 마음 상태에 '낮은 자존감'이란 이름을 붙이고 스스로 고통스러워할 수도 있겠지만, 꼭 그래야만 할까요?

우리는 본래 외부의 시선을 의식하고 자신이 타인에게

• 물론 타인을 지나치게 의식해 내 모습이 어떻게 비치는지에만 몰두하며 실제 사회생활이나 직업적 삶에서 문제를 겪고 있다면, 또 그것이 타인은 물론이고 자신마저 힘들게 하고 있다면 그 지점에서는 잠시 멈춰야 합니다. 나의 존재감과 중요성, 나의 진심에 과도한 의미를 부여하면서 자의식에 매몰되어 있다면, 그리고 자신을 입증하고 타인에게 인정받기 위해 하지 않아도 될 일을 굳이 하고 있다면 자신의 습관들을 재평가할 필요가 있습니다. 이 점에 대해서는 다음에 나올 에피소드에서 자세히 이야기하려 합니다.

어떻게 보이는지에 관심을 기울이도록 프로그래밍되어 있습니다. 그 많은 일을 겪으면서도 싫은 소리 듣고 싶지 않아서, 타인에게 폐 끼치고 싶지 않아서 홀로 최선을 다해왔던 자신을 '자존감이 낮아 눈치를 많이 보는 사람'으로 설명하지 않았으면 좋겠습니다.

누군가의 무신경한 말에 순식간에 바닥으로 곤두박질치는 자아상을 가지고 있을지언정, 적어도 우리는 밖으로 보이는 모습만큼은 자신감에 차 있는 모습이기를 바랍니다. 그게 설령 가짜 자존감, 껍데기뿐인 자신감이라 할지라도, 우리는 타인에게 기꺼이 도움을 주고 자기 말에 책임을 지는 사람, 누군가에게 그럴듯한 모델이 되는 사람이기를 간절히 바랍니다.

이제 이렇게 물어볼게요. 그게 어때서요?

이런 노력은 사실 우리가 현실 세계를 넘어서서 함부로 달려 나가지 못하게끔 스스로를 단단히 붙잡아주는 역할을 합니다. 환경과 나와 타인이, 그리고 내 의식과 전의식과 무의식이 그럭저럭 만족하며 지낼 수 있도록 살펴주는 안전망인 것입니다.

그건 당신의 여러 기능 중 하나이며, 당신의 수많은 조각

타인을 시험에 들게 하지 말 것

들 중 어쩌면 당신을 지금까지 참 열심히도 살게 했던 조각
일 겁니다.

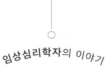

나와 똑같은 사람과
평생을 함께할 수 있을까?

학생들이나 내담자들이 과연 자존감이 무엇인지 물어 올 때가 있습니다.

'로젠버그 자존감 척도'로 유명한 심리학자 모리스 로젠버그Morris Rosenberg는 자존감이란 '자기 자신에 대한 호의적이거나 비판적인 태도'라고 정의했습니다.

저는 자존감을 설명할 때면 로젠버그의 정의를 알려주되, 이렇게 덧붙입니다.

"계급장 다 떼고, 이른바 '스펙' 하나 드러내지 않고서 다른 사람과 마주했을 때, 내가 얼마나 매력적인 사람으로 보일지에 대한 스스로의 평가가 곧 자존감입니다."

예를 들어 당신이 학벌, 직업, 출생지나 거주지, 외모 같은 배경을 밝히지 않은 상태에서 SNS에 글재주가 필요 없는 단편적인 글을 올리기 시작했다고 가정해봅시다. 글이 쌓이는 과정에서 당신에게 호감을 느낄 사람이 얼마나 될 거라 예상하나요?

여기서 '매력적으로 보는 사람이 많을 거예요' '적을 거예요' 하는 답변을 가지고 자존감의 정도를 추정하는 건 아닙니다. 저는, 이 질문을 받았을 때 당신의 마음 상태가 더 궁금합니다.

자존감이 낮다면, 이런 물음에 이미 마음이 불안정해집니다. 질문을 받는 상황 자체를 실패가 예견되는, 원치 않는 상황으로 받아들이기 때문입니다. 반면 자존감이 그럭저럭 높다면, 타인에게 자신의 매력을 호소하는 과정을 '충분히 돌파 가능하며 좋은 결과로 이어질 수 있는' 도전적인 기회로 봅니다.

* * *

때로는 이렇게도 묻습니다.

"모든 면에서 당신과 같은 사람이 있다고 한다면, 당신은 그 사람과 연애하거나 결혼하고 싶은가요? 그러니까, 당신은 평생 당신 같은 사람과 즐거이 지낼 수 있나요?"•

만일 여기에 긍정적으로 답했다면 당신은 꽤 높은 자존감을 소유한 사람입니다. (이 책이 당신에게 필요하긴 할까요……?)

하지만 '나 같은 사람과 결혼하고 싶다'고 대답하는 사람은 거의 없습니다. 우리는 우리를 너무나 잘 알고 있기 때문입니다. 우리는 우리 자신의 단점이나 참모습이 드러나게 되면 타인에게 인정받지 못하거나 사랑받지 못할 거라는 불안에 압도되곤 합니다.

지금 잠시 책에서 눈을 떼고 가장 가까운 가족이나 친구의 얼굴을 떠올려보세요. 그의 얼굴에 점이 있나요? 점이 있다면 어디에 있지요?

그럼 당신의 얼굴에는 점이 있나요? 있다면 어느 곳에 있나요? 분명 주위 사람에 대한 질문보다 당신에 대한 질문에 더 빠르고, 정확하고, 구체적인 답변이 나올 겁니다.

• 당신은 이 질문에 어떻게 답했나요? 사실 이 질문을 통해 우리는 자신의 성격적 단점을 객관화해서 볼 수 있답니다. '나처럼 정서적 변덕이 심한 사람은 좀 어렵겠다' '나처럼 우울을 자가발전하는 사람이라면 좀 어렵겠다' 싶다면, 그 지점은 본인의 심리적 성숙을 좀 더 꾀해야 하는 부분이 맞습니다. 지금 그 부분 때문에 당신이 스스로에게 높은 점수를 주지 못하고 있는 거니까요.

타인을 시험에 들게 하지 말 것

모든 사람은 자기 일을 더 많이 기억합니다. 일상에서 혹은 머릿속에서 타인에 대한 이런저런 면을 관찰하고 추측하기도 하지만, 그보다 더 많은 시간을 자기 자신과 접촉하며 지내니까요. 일에 서툴고 인간관계에 서툰 자신이 자꾸만 눈에 들어오는 것이 당연합니다. 내가 실패했던 경험, 내가 남들에게 우습게 보였던 일, 나의 형편없는 모습에 대한 기록이 내 마음속에는 차고 넘칩니다.

이런 자전적 기억들이 너무도 풍부하기에 학벌, 외모, 성격, 출신, 가족 같은 중립적인 단어들마저 나를 툭툭 건드리기 일쑤입니다.

＊ ＊ ＊

그러다 보니 우리는 나 자신이 다른 사람 눈에 어떻게 비칠지 지나치게 고민합니다. 이토록 많은 단점을 가진 내가 어떻게 하면 타인에게 좋은 인상을 심어줄 수 있을지 살피느라 마음이 바쁩니다. 나에 대한 지나치게 많은 정보를 토대로 내가 좋은 사람으로 보일지 나쁜 사람으로 보일지 자기검열을 합니다. 이따금 '나 정도면 좋은 사람이지' 하는 약간의 확신이 들면 이 점을 주변에 어필하기도 합니다.

이렇게까지 애를 쓰고 있는데 만일 상대가 나의 괜찮은

모습이나 진심, 배려와 호의에 상응하는 반응을 보이지 않는다면, 그때부터 내 마음은 몹시 혼란스러워지고 때론 부아가 치밉니다.

반드시 진심은 통할 거라는 어리석은 자기애적 다독임에 빠져 주위 사람들에게 자신을 알아달라고 채근하는 경우가 많습니다. 그러나 자존감이나 자기가치에 대해 큰 의심이 없는 사람은 나의 진심이 타인에게 받아들여지는 일에 그다지 큰 의미를 두지 않습니다.

내 모든 진심이 굳이 통해야 할 이유가 있을까요? 돌이켜 보면 나 또한 모든 사람의 진심을 일일이 알아주며 살아오지 않았는데 말입니다.

우리가 매사에 '아, 맞다, 이게 너의 진심이었지?' 하며 살진 않았잖아요.

'진심'이 언젠가 통할 것이란 믿음은, 실은 내 생각과 감정과 판단이 언제나 옳다는 비대한 자의식에서 비롯합니다. 타인도 각자의 진심을 가지고 살 뿐입니다. 100명의 사람에겐 100개 이상의 진심이 있습니다.

또한 진심이 언젠가 '통할' 것이란 믿음은, 내 진심에 타인의 인정이 너무나 중요하다는 말이나 다름없습니다. 이는

타인을 시험에 들게 하지 말 것

진심이 꼭 타인에게 통해야만 한다는 환상 혹은 당위적 신념*에서 비롯하는데, 한편으론 타인이 나를 알아주지 않았을 때 적개심을 표현하기 위해 내세운 그럴듯한 자기기만이기도 합니다.

＊ ＊ ＊

진심을 믿는 사람들은 소울메이트soulmate를 규정하고 찾는 데에도 많은 에너지를 쏟습니다. 이들은 '나의 짝이라면 굳이 말로 하지 않아도 내 마음을 모두 알아주리라' 믿습니다. 2011년 미국에서 실시된 여론조사 결과, 단 한 명의 진정한 소울메이트를 꼭 찾을 수 있을 거라고 답한 응답자가 전체의 73퍼센트에 달했습니다.

그러나 연구에 따르면 소울메이트의 존재를 믿는 사람들이 실제 관계에서는 쉽게 불안해하고, 특히 애인의 실수에 덜 관대합니다. 상대가 자신이 정해둔 규칙을 벗어나는 경우 불안감과 불편감이 치미는 것이지요.

---

* '～해야만 한다' 같은 당위적 진술문으로 표현되는 (매우 흔한) 인지적 왜곡을 말합니다. 이는 '나는 인정받아야만 한다' '친구란 이래야 한다' 같은 경직된 기준들이며, 결과적으로는 자신과 환경에 대한 불쾌감을 높입니다.

나와 영혼이 통하는 소울메이트를 찾는다는 건 언뜻 스스로에 대한 확고한 자신감과 자기애에 바탕을 둔 태도로 보입니다. 하지만 거기엔 예측 가능하고 통제 가능한 상대를 원하는 마음이 자리 잡고 있습니다. 나의 성격적 단점에도, 내가 노력을 기울이지 않아도, 나를 있는 그대로 사랑해줄 사람을 찾는 것이지요.

그런데 그 사람은 이미 있었잖아요.

당신 자신. 나 자신에 대해 어떤 평가도 비판도 하지 않을 사람. 비록 어느 순간부터 나 아닌 다른 누군가의 목소리로 나를 다그치고 있었지만요.

나의 진심과 나의 고단한 영혼을 알아주는 일, 다른 사람에게 기대지 않고 그냥 내가 하면 됩니다. 내가 제일 잘할 수 있는 일을 외주로 넘기려 하지 마세요.

* * *

다른 사람들에게 꽤 괜찮은 사람처럼 보이려고 노력하는 것은 건강한 일입니다. 다만 그런 당신의 모습을 받아들일지 말지는 상대가 결정하게 놔두세요.

당신이 누구이며 무슨 일을 하는지, 얼마나 타의 모범이

되고 얼마나 많은 교훈적인 이야기를 알고 있는지, 당신의 진심이 다른 사람에게 얼마나 통하는지, 당신이 영혼이 통하는 사람과 사귀고 있는지는 당신의 자존감과 관련해 그리 중요한 문제가 아닙니다.

그저 당신 자신을 더 편안하게 좋아해주세요. 당신이 스스로를 안정적으로 수용하고 있다면, 외부의 적은 절대 당신의 마음을 해치지 못합니다.

오늘의 숙제는 이렇습니다

다음의 두 가지 질문에 대한 답을 천천히 생각해볼 것.

계급장 다 떼고 봤을 때, 당신은 그럭저럭 매력적인 사람입니까?

당신은 당신과 똑같은 사람과 평생 함께 지낼 수 있습니까?

이래도 날 사랑해줄 거야?
너도 결국 떠날 거야?

애정 결핍과 의존성

C는 자신의 문제를 잘 알고 있다며 '애정 결핍이 있는 애착장애'라 말했다. 그렇게 단호히 자기 상태를 설명하는 C는 남들에게 버려지는 유기遺棄에 대한 불안감이 높았다. 그는 원인을 과거의 관계들에서 찾았다.

"제가 왜 이러는지 잘 알아요. 부모님이 맞벌이라 저를 돌볼 시간이 부족했고, 두 분 사이도 극도로 안 좋았어요. 제 앞에서 소리를 지르며 죽일 듯이 싸우다가 엄마는 몇 번 가출도 하셨고, 그러다 괜찮아지면 저한테 너무 잘해줬지만 다시 안 좋아지면 아예 없는 자식 취급하고……. 그때마다 제 마음은 절망적이면서도 필사적이었던 것 같아요. 고등학교 때 처음 사귀었던 애가 바람나서 떠난 적도 있고, 그러다 보니 사람에 대한 집착이 점점 심해졌어요."

심리치료를 받아보기로 결심한 것도 얼마 전 겪은 이별 탓이었다.

"처음에는 저한테 '나는 너 절대로 안 떠난다' 이러더라고요. 그런데 사귀는 동안 제가 또 집착을 좀 하기도 했고, '그래서 나 떠날 거야? 내가 이제 싫어졌냐?' 하는 소리를 제가 농담으로든 싸우면서든 계속 하니까 이젠 좀 지친다고……."

연애와 이별의 패턴이 거의 흡사한 궤도를 그리며 반복되었다. 상대는 '난 다르다'며 많은 시간을 들여 C를 안심시키려 했지만, C는 좀처럼 편안해지지 못했다. 언젠가 자신이 버려질 수 있다는 생각에, 순간순간 '심장이 단추처럼 뜯어져 땅바닥에 구르는 듯한' 불안과 초조감을 느꼈다.

기분이 한창 좋을 때면 불현듯 슬픔이 밀려왔고, 자주 비참하게 버려진 느낌이 들었으며 때론 몸이 여기저기 아파왔다. 어쩌다 상대가 전화를 받지 못하거나, 다른 사람과 만날 약속이 있다는 말을 상대로부터 듣게 되면 내가 싫어진 건 아닌지 닦달을 하며 기어코 확인했다.

"그래서 이제 내가 싫어졌어?"
"너도 똑같다."
"거봐, 너도 나한테 지칠 거라고 했지?"

이런 식으로 시작하는 말의 파편들은 결국 똑같은 레퍼토리로 이어졌다. 두 사람 사이에 아무 문제가 없을 때조차도 C는 상대에게 가상의 시나리오를 들이밀어 시험에 들게 했고, 곁을 지킬 거라고 수백 번은 말해온 상대를 점점 지치게 만들었다.

친구들에 대한 집착도 있었다. '애착 문제가 있는 애정 결핍 환자'처럼 보이고 싶진 않았지만, 친구들에게 내심 의존하는 바가 컸기에 C는 번번이 대인배라도 되는 듯 애를 쓰다가 결국엔 모두에게 호구가 되어버리는 과정을 반복했다.

사람들을 곁에 두기 위해, 타인의 과도한 요구나 응하고 싶지 않은 약속에 항상 상대가 듣고 싶어 하는 답을 내놓았고, 그 때문에 쌓이는 정서적 피로감은 고스란히 자기 자신에 대한 혐오감, 불안정감, 사귀는 사람에 대한 불안으로 누적되었다.

"자기주장 잘하고 독립적인 사람들을 보면, 저랑 아예 종이 다른 사람들 같아요. 저는 항상 사랑에 굶주려 있는데 다른 사람들은 아닌 것 같더라고요. 그런데 또 보면, 제가 다른 사람들한테 기생하는 건지, 아니면 그 사람들이 저한테 기생하는 건지 모르겠어요……"

이제 당신이 당신을 지킬 차례

애정 결핍을 호소하는 사람들은 여러 이유를 들어 타인에 대한 자신의 의존성과 취약성을 설명합니다. 그중 제일 흔한 이야기가 '애착장애'*입니다.

심리학에서 '애착'이란 시공간을 넘어 두 사람을 연결시키는 깊고 지속적인 정서적 유대감을 말하며, 주로 주 양육자와 아동의 상호작용을 통해 생애 초기에 형성됩니다.

주 양육자가 예민하게 반응하며 아이를 잘 돌보아야 안정적인 애착관계가 형성된다거나, 비일관적인 혹은 무심한 양육 태도가 불안정insecure 애착관계로 이어진다는 등의 이

● 실제로 성인을 대상으로 하는 진단 중에 이런 이름의 장애는 없습니다.

야기는 미디어의 단골 소재였습니다. 실제로 많은 사람들이 자신의 상태를 불안정 애착으로 여기며 고통스러워합니다.

이 같은 내용의 '애착 이론attachment theory'은 발달심리학자 메리 에인스워스Mary Ainsworth가 연구를 통해 제안한 것입니다. 당시 연구 참여자의 70퍼센트가 안정 애착이었다는 결과에, 참 많은 사람들이 실의에 빠졌습니다.

'그렇게나 많은 이들이 안정 애착인데, 나는 왜……?'

그러나 이 연구 결과가 발표된 것은 1978년입니다. 그 시대에 안정 애착이 실제로 많았을 수도 있고, 다수 응답자들이 방어적인 태도로 답하면서 결과치의 편향이 존재했을 가능성도 있습니다.

그래서인지 2009년의 연구에서는 조금 다른 결과가 나왔습니다. 아동과 청소년을 대상으로 조사한 결과 불안정 애착이라고 보고한 비율은 48퍼센트였고, 안정-자율형secure-autonomous 애착이라 자부한 비율은 52퍼센트였습니다. 둘 중 하나는 스스로를 불안정 애착이라 여긴다는 것이지요. 심지어 임상적 문제를 가진 피실험자의 73퍼센트가 불안정 애착을 보고하기도 했습니다.

그로부터 10년이 흐른 지금, 안정 애착 비율은 더욱 줄어들고 불안정 애착 비율이 더 높아졌으리라는 합리적 추정도 가능하지만, 어찌 됐건 불안정 애착이 생각보다 흔한 것은 분명합니다. 생각해보면, 부모에게 아이의 안정 애착 형성만큼 어려운 과업은 또 없으니까요.

* * *

부모로부터 안정적인 양육이나 관심을 받지 못해 본인이 애정 결핍이라고 이야기한다든지, 타인에게 지나치게 의존하거나 집착한다고 말하는 사람들은 여러 불안정 애착 유형 중에서도 불안정-불안insecure-anxious 애착일 가능성이 높습니다. 이는 아시아 문화권에서 흔한 유형입니다.

불안정-불안 애착 유형의 사람들은 사소한 일에도 쉽게 자기비판적인 태도를 취하고, 타인의 인정에 매우 예민한 특성을 보여줍니다.

특히 거절에 대한 민감성이 매우 높아서 자신이 재미없거나 매력적이지 못한 사람이라는 사실을 상대가 알아챌까 하는 걱정으로 안달복달합니다. 나에게 의미 있는 대상이 나를 버리거나 거절하거나 배신할지 모른다는 두려움으로, 그에게 절박하게 매달리고 의존합니다. 그런 과정에서 깊은 우

타인을 시험에 들게 하지 말 것

울감과 무력감을 경험하기도 하고요.

안정적인 대상관계 경험이 부족했던 탓에, 실제 대인관계 기술이 부족하고 합리적인 수준의 자기주장을 펼치지 못하는 모습을 보이기도 합니다.

이러다 보니 타인의 관심을 끌기 위해, 아니면 타인이 자신을 안심시켜주길 바라는 마음에 갑자기 연락을 뚝 끊고 잠수를 탄 척하거나, 자신의 불안정한 정서 상태를 SNS에 슬며시 드러내거나, 문자메시지를 안 읽은 척하거나, 일부러 상대의 질투를 유발하는 등의 미숙한 행동을 합니다.

또한 상대에게 화가 나면 이를 편안하게 표현하지 못하고, 혹여 자신의 불쾌감이 눈에 띌까 싶어 드러나지 않는 방식으로 수동공격을 시도합니다. 일을 엉망인 채로 마무리한다거나, 의도가 있어 보이는 찜찜한 농담을 한다거나, 괜히 어깃장을 놓는다거나 하는 식입니다.

이런 불안 특징적인 애착을 보이는 사람들에게 스트레스 상황을 주고 그때의 뇌를 살펴보면, 기분 및 불안 문제와 관련한 뇌의 심부 기관[9]이 과잉 활성화되는 것을 확인할 수 있습니다.

거절에 대한 심리적 고통감과 연관성이 높은 뇌 영역[10]의 활동성도 증가해 있는데, 그중 일부[11]는 뇌의 다른 영역들과 긴밀하게 신호를 주고받습니다. 이 때문에 자책감과 불안정감이 끝없이 치솟는 악순환이 되풀이되고 주위 사람들이 그를 안심시키려는 노력은 자주 실패로 끝납니다.

또한 불안정-불안 애착 유형의 10대들에게 긍정적이거나 부정적인 형용사를 여러 개 늘어놓고 자신과 얼마나 일치하는지 평가해보라고 하면, 어느 쪽 단어를 거론하든 대뇌 광범위한 영역[12]에서의 활동성이 모두 증가합니다. 안녕감이나 자기개념을 건드리는 주변 자극에 뇌가 자꾸만 불필요한 반응을 하고 있는 겁니다.

* * *

그렇다면 안정 애착 혹은 불안정 애착 환경에 기여한 부모의 뇌는 어떨까요?

좋은 양육자는 자녀에게 잘 동기화되어 synchronous 있어 시의적절하게 반응합니다. 말은 간단하지만 난이도는 최상입니다. 안 그래도 수면 시간이 부족하고 모든 신체 기능이 떨어져 있는데, 정말 듣고 있기도 힘든 울음소리로 두 시간마다 잠을 깨우는 아이의 안위를 살펴야 하니까요. 그것도 화를 내지 않고!

타인을 시험에 들게 하지 말 것

이때 주 양육자는 아이의 유일한 의사소통 수단인 울음이 배고픔, 졸림, 무료함, (젖은 기저귀에서 오는) 불쾌감 중 어디에 속하는 울음인지 알아차린 후 아이가 크게 좌절하지 않을 정도의 시간 안에, 아이 자신과 세상에 대한 불신이 형성되기 전에, 울음에 대한 피드백을 주어야 합니다. 특히 산모의 경우 일곱 명 중 한 명은 산후우울증까지 겪고 있음에도 안정 애착 가족의 주 양육자들은 아이 앞에서 자신의 우울, 미래에 대한 불안감은 조절하고 무조건적인 사랑과 지지를 보내려 무던히도 노력합니다.

이런 부모의 뇌는 좌측 중격핵nucleus accumbens에서 높은 활성화를 보입니다. 좌측 중격핵은 보상적 자극reward-related stimuli이나 정서를 경험할 때 마음을 조절하고 통합하는 역할을 하는 영역입니다. 정서 처리의 핵심 영역인 편도체와도 잘 연결되어 있어서 연구자들은 바로 이들 영역이 좋은 부모가 자신의 정서 자극을 효율적으로 처리하도록 조절하는 신경 기반이라고 추정합니다.

반면 불안한 양육자의 경우 우측 편도체는 혼자 지나치게 활성화되어 있고, 중격핵과 편도체 사이의 기능적 연결성도 떨어져 있습니다. 결국 타인의 정서적 요구에 빠르게 반응하지 못하는 미성숙한 부모의 뇌는, 부모가 의도한 바는 아니었겠지만 자녀의 역기능적인 뇌 형성에 기여하게 되는 것입니다.

아이에게 유전적 기질성을 물려줌으로써, 또한 아직은 어린 아이의 요구에 변덕스럽게 반응하는 환경을 제공함으로써 말이지요.

* * *

그러나 많은 부모 세대가 이런 이야기를 접할 수 없었을 겁니다. 오래전의 주 양육자들은 애착이 무엇인지, 그것이 왜 아이의 행복감과 불행감 형성에 매우 중요한 요인이 되는지 알지 못했습니다.

그들은 아이들과 어떻게 관계를 형성해나가야 하는지 몰랐고, 애착관계는 가만히 있어도 부모자식 사이에 저절로 형성되는 것이라 생각했습니다. 어떻게 애정을 표현하면서 동시에 부모로서의 권위도 공고히 하는지 몰랐으며 '권위가 있다는 것'과 '권위주의적인 것'의 의미를 혼동했습니다.

어떤 경우에는 시간이나 거리, 경제 상황이나 형제자매의 존재 같은 물리적 제약으로 안정 애착의 형성이 불가능하기도 했습니다.

타인을 시험에 들게 하지 말 것

물론 지금에 와서 부모나 형제 등 원가족에게 '그때 내게 왜 그랬어?' 하며 화를 내기에 우리는 이미 많이 성장했습니다. 새삼 이야기해봤자 상대에게서 원하는 반응을 얻지 못할 가능성이 더 높습니다.

하지만 불안정한 관계 때문에 받아야 했던 고통감을 없던 일로 하기엔 그때의 흔적이 여전히 우리에게 불필요한 영향을 미치고 있습니다.

그렇다면 뇌의 관점에서 볼 때, 우리는 우리 자신을 조금씩 속이며 사는 게 낫습니다.

부모는 아니지만 또 다른 의미 있는 대상이 나를, 아니면 나 스스로가 나를 토닥토닥 두드려주며 마음의 평안으로 이끄는 것은 좋은 방법입니다.

자신의 양팔을 X자로 포개어 반대편 어깨에 손을 얹고, 한 손씩 번갈아가며 어깨를 토닥여주는 '버터플라이 허그butterfly hug'도 효과적입니다. 눈을 감고 천천히 호흡하면서, '괜찮아, 진짜 괜찮아'라고 되뇌며 천천히 앞 어깨를 토닥여주세요. 과잉 활성화되어 사소한 반응에 날카롭게 반응하는 뇌가 잠시 숨을 고를 수 있도록 해주세요. 실제 트라우마를 겪은 사람들을 대상으로 심리치료에서 사용하는 방법입니다.

만일 삶의 그 어느 지점에서라도 누군가 나를 안정적

으로 아끼고 보살폈던 기억이 있다면, 그러한 정신적 표상mental representation을 다시 한 번 천천히 떠올리는 심상화imagery 작업을 통해 자신을 안심시키는 것도 좋습니다. 묘하게 안심되던 그 말들, 사람들, 그때의 기분들로 나만의 안전 기지를 마음속에 구축하세요.

사랑하는 연인들이 서로를 껴안고 있는 것처럼 안온하고 애정 깊은 애착관계를 표현한 사진을 보는 것도 좋습니다. 연구에 따르면, 그런 사진을 보는 것만으로도 위협적 자극에 대한 편도체의 과활성화 수준이 낮아집니다. 따뜻하게 교감을 나누는 동물 사진을 보는 것 역시 마음의 안정에 효과적입니다.

따뜻한 물로 목욕을 하거나 따끈한 차를 마셔 마음의 냉기를 가시게 하는 것도 마찬가지로 좋은 효과를 얻을 수 있습니다.

모두 연구로 입증된, 뇌를 안정시키는 방법들입니다.

* * *

또다시 관계 불안에 휘둘려 서로에게 하지 말아야 할 행동을 하고, 해야 할 행동을 하지 못할 때도 있을 것입니다. 내가

타인을 시험에 들게 하지 말 것

그럴 수도, 상대가 그럴 수도 있겠지요.

그러한 이유로 시작된 사소한 자존심 싸움이 (언제나 그래 왔듯) 파국으로 치달을 기미가 보인다면, 최대한 빠르고 단호하게 이렇게 말하세요.

"네가 나를 좋아하는 것을 내가 알고, 내가 너를 좋아하는 것을 네가 안다. 몇 주만 지나도 우리는 오늘 무엇 때문에 싸웠는지 기억도 못 할 텐데, 기억도 못 할 일로 일부러 상처 줄 말을 골라 하면서까지 너와 싸우고 싶지 않다."

당신이 능동적으로 관계를 지켜내세요.

과장된 감정이 당신을 압도하려 할 때나 자기에 대한 불확실감을 주위 사람에게 투사해서 또다시 타인을 괴롭히고 싶을 때, 잠시 멈춰 당신 자신을 안심시켜주세요. 또한 당신의 불안정 애착을 악의적으로 이용하려 하거나 때로 비참한 기분이 들게 하는 사람들에게서 당신 자신을 지켜내세요.

모든 관계가 당신이 매일 상상하는 그런 비참함을 동반하진 않습니다.

그러니 가늘지만 천천히 길게 이어지는 관계의 테두리 안에서, 그렇게 우리를 안정 애착의 범주 안에 차츰 안착시킵시다.

나는 적당히 불완전하고,
적당히 완전하다

애써 자신의 모습을 바닥까지 내보이면서, 심지어 바닥을 다 보이면서 타인에게 수용되고 인정받기를 바라는 사람들이 있습니다.

하지만 잘 생각해봅시다. 당신의 어머니는 당신의 모든 것을 다 사랑했나요? 어머니조차도 당신의 전부를 수용하지는 못합니다. 구석구석 미운 점이 한두 가지가 아닐 겁니다 (제 경우도 별다를 것 없습니다……).

타인이 '나'라는 존재를 무조건 인정해줘야 한다는 생각은 우울하고 불안한 사람들이 흔히 갖는 잘못된 신념입니다. 자신의 부정적인 면을 사람들에게 모두 내보이면서 '이래도 나를 사랑할 거야? 이래도?' 하며 그를 시험에 들게 하는 것은 자신을 사랑하는 방식도 아니고, 타인을 사랑하는 방식은 더더욱 아닙니다. 그것은 지금까지 그래왔고 앞으로도 어떤 성과도 얻을 수 없는 잘못된 기벽일 뿐입니다.

실은 당신도 당신 자신의 모든 면이 다 사랑스러운 것은 아니어서, 자꾸만 타인에게 온갖 모습을 내보이며 그들이 당신을 안심시켜주기를 기대하는 것이지요.

본래 가장 이상적인 양육은 적절히 관여하고, 적절히 민감하고, 적절히 반응적이어야 하는데, 대부분의 주 양육자들이 보이는 돌봄 패턴은 상당히 미숙하고 일관되지도 않아서 예측이 불가능합니다.

이 때문에 애착관계에서 불안감이 드리워지면 '절대 변하지 않을 사랑'을 병리적으로 갈망하게 됩니다. 서로 조금씩 상처를 주고받으며 굳은살이 생기듯 나날이 단단해지는 애착관계가 아니라, 처음부터 자신을 완전하게 만들어줄 영혼의 구원자가 세상 어딘가에 있을 것이라 믿는 판타지를 마음에 품게 됩니다.

혹여 의미 있는 대상이 때로 나를 소홀히 하거나 그 사람이 나로부터 멀어져 독립성을 보이려 하면, 그때부터 "너도 나를 버릴 거지?" "제발 나를 안심시켜줘!"라고 말하면서 절박하게 애정 결핍을 호소합니다. 이런 상황이 몇 차례 반복되면 전형적인 비극의 장면으로 이어집니다.

각자의 일상으로 이미 지쳐 있는 주위 사람들이 어느 순간 정말로 자신에게서 거리를 두기 시작하면 '그것 봐!' 하며 절망과 자기비하에 빠지고, '내가 지금까지 어떻게 해왔는데 이렇게 부당한 대우를 받다니!' 하며 급작스러운 분노에 휩싸이기도 합니다.

* * *

우리는 삶의 모든 과정에서 타인의 인정을 구할 필요가 없습니다.

그런 일이 불가능한 것은 차치하고서라도, 애당초 그럴 필요가 전혀 없습니다. 어차피 서로의 기억은 엇갈리고 서로에 대한 평가는 각자의 마음 안에서 시시각각 바뀝니다. 어느 날은 친구와 말이 잘 통하고, 어느 날은 친구가 조금 낯설게 느껴지듯이 말입니다.

물론 많은 인간관계 문제는 실제로 개인의 불안정 애착에서 기인할 수 있습니다. 그러나 전문가들이 거듭해서 말하듯, 실제로 어떤 애착관계를 형성했었는지보다 당시를 어떻

타인을 시험에 들게 하지 말 것

게 지각하고 재구성하고 있는지가 더 중요합니다.

이 과정에서 가족을 비롯한 주위 사람들이 당신을 부당하게 대우한 일에 대해 당신에게 진심으로 사과한다면 참 좋겠지만, 이건 쉬운 일이 아닙니다. 여러모로 '타이밍'이 얽혀 있는 문제이니까요.

내게 기꺼이 사과할 사람이 없다면, 지금 그만한 성숙을 이룬 사람이 없다면, 그 사람들은 그대로 둡시다. 어쩌면 그들은 그때 그 나이와 상황에서 할 수 있는 최선을 다한 것일 수 있습니다. 더군다나 그 사람들의 통찰을 이끌어내는 것은 나의 책임이 아닙니다. 그저 내 과거의 상황을 일관되고 성숙한 태도로 재구성하고 수용하면서, '이제야 비로소' 안정 애착으로 들어서는 길을 선택할 수 있습니다.

다만 과거의 애착관계를 다시금 돌아보고 통합하려 할 때, 수치심이나 죄책감 같은 부정적인 자의식 정서가 개입할 여지를 두지 않았으면 좋겠습니다.

당신이 사랑받지 못할 존재여서가 아니고,
당신이 어딘가 결함이 있는 존재여서도 아니고,
당신이 태어나지 말았어야 할 존재여서도 아닙니다.
그냥, 운이 좀 좋지 않았습니다.

* * *

그러니 이렇게 말해봅시다.

"그때는 그랬고, 지금은 다르다.

그때의 나는 취약했지만,

지금의 나는 타인과 안정적인 관계를 맺어도 충분할 만큼 적당히 불완전하고, 적당히 완전하다.

그리고 어쩌면 예전의 그들은 최선을 다했을 것이다.

나는 현재의 나와 내 사람들을 지키겠다."

그런 생각과 태도가 마음 깊이 스며들 때까지 임상심리 전문가나 정신과 전문의를 만나 재양육 관계를 맺거나, 베개 같고 이불 같은 무던하고 안정적인 사람과 재양육 관계를 맺거나, 혹은 내가 나 자신을 재양육할 필요가 있습니다.

UCLA 정신건강의학과 임상교수 댄 시걸Dan Siegel은 이렇게 애착관계를 재형성하면 '뇌가 재배선된다rewire the brain'고 말합니다.

그러니 그렇다 치고, 한번 해보세요.

이제 당신이 당신의 양육자입니다.

이제는 타인에게 사랑받기 위해 반응하기를 그만두세요.

부서진 마음을 위로하는 시간들이 차곡차곡 쌓일 수 있도록 당신의 마음을 다하세요.

세상에서 내가 제일 중요하고, 세상에서 내가 나를 가장 잘 압니다.

타인의 사랑을 시험하려 하거나, 그를 통해 당신을 채우려 하지 말아요. 누군가 당신 곁에 있으면 좋겠지만, 또 아니면 마는 겁니다. 궁극적으로 우리는 차츰 자기 자신과 안정 애착을 형성하면 됩니다.

과장되고 기만적인 표현으로 자신을 속이고, 어쩌면 틀렸을지 모르는 연애를 시작하고, 답이라곤 하나 없는 만남을 지속할 필요가 없습니다. 타인에 대한 의존성을 더 짙고, 더 깊고, 더 크게 만들기보다 지금껏 생을 버텨온 스스로를 기특하게 여기며 안전하고 따뜻하게 품어주세요.

맛있는 음식이 먹고 싶다면 내가 나에게 맛있는 것을 사 먹이세요.

마음이 따뜻해지고 싶다면 향초에 불을 켜고, 깨끗한 담요를 두르고, 따끈한 차를 마시고, 따스한 노래를 틀어 나를 돌보세요. 그러면서 나 자신과 타인에게 사랑스러운 말을 건네세요.

이 모두 연구를 통해 행복감에 대한 효과가 입증된 방법들입니다. 두루 활용해보면서 당신에게 가장 잘 맞는 방법을 찾아보세요.

* * *

마지막 잔소리를 덧붙이자면, 인간관계에서의 기억은 서로 다르게 적힙니다. 그러니 불안으로 관계와 자존감이 흔들린 나머지, '내가 기억하는 내용'을 가지고 누군가와 다툴 필요가 없습니다.

애인과 언쟁할 때 가장 소모적인 행동은 "네가 그랬잖아!" "네 표정이 그랬잖아!" "네가 비꼬는 투로 말했잖아!" 하는 식으로 말하는 것입니다. 이때 최대한 빨리 누구든 '서로의 기억은 늘 다를 수밖에 없다'고 선언한 뒤, 맥을 끊어야 합니다. 평행선을 그으며 미친 듯 달리는 기억이 감정선을 더 날카롭게 건드리기 전에 말입니다. 어차피 해결이 나지 않을 문제인데, 그것을 가지고 계속 다투는 건 헤어지자는 이야기일 뿐입니다. 당신도, 그 사람도 지금 헤어지려는 건 아니잖아요.

문제를 해결하는 데 집중하세요. '일이 되게끔' 해야 합니다. 자존심 내세우기, 인정받기, 모두 중요치 않습니다.

내 감정을 존중받을 수 있도록 권위와 위엄을 잃지 않으면서도 타인에게 편안한 문장으로 말하는 과정에서 나 자신에게 안정 애착을 형성하게 된다면, 다른 것들은 더 이상 전혀 중요하지 않습니다.

편안하게 하세요, 괜찮아요.

오늘의 숙제는 이렇습니다

다시 한 번 이렇게 말해볼 것.

"지금의 나는 타인과 안정적인 관계를 맺을 만큼
적당히 불완전하고, 적당히 완전하다.
나는 흔들리지 않고 현재의 나와 내 사람들을 지켜내겠다.
이것은 나의 삶이다."

3부

완벽주의적 불안에
휘둘리지 말 것

물론 자기 삶에 여러 노력을 기울이는 건 좋은 일입니다. 그러나 단지 그뿐이어야 합니다. 노력을 하면 그것으로 충분한 것이지, 지나친 고통을 감내하고 자기 마음을 부숴가면서까지 완벽을 위해 애쓸 필요는 없습니다.

나를 싫어하면 어쩌지?
실패하면 어쩌지?

불안과 완벽주의

"이번에도 안 될 것 같아요. 내가 잘 알아요."

Y는 심리치료를 게임에서 사용자가 수행해야 하는 임무인 '퀘스트quest' 같은 것으로 여기는 듯했다. 치료가 효과가 있을지 없을지는 이제부터 함께 살펴보자고 이야기하자, 이번에는 이런 답이 돌아왔다.

"열심히 해도 별다를 게 없으면, 그땐 어떻게 되나요?"

종종 심리상담을 위해 찾아온 내담자들은 치료에 대해 양가적인 감정을 경험한다.

너무나 나아지고 싶지만 만일 '실제로 증상이 나아져' 그간 나를 걱정해주고 보살피던 사람들이 떠날까 두려운 마음이 앞서고, 설령 나아진다 해도 극적으로 변화하는 상황이 없을 것 같아 결국 지금의 상태에 머무르길 선택하는 것처럼 보인다.

Y는 우울과 불안이 나아지기를 바라면서도, 한편으로는 치료 결과에 대한 불안감으로 그 자리에 얼어붙은 듯했다. 상대에 대한 세심한 배려가 몸에 배어 말을 고를 때에도 무척 조심스러워했고 민폐를 끼치기 싫다는 말을 반복했다.

"상담을 받아도 큰 변화를 보여주지 못하면 선생님도 저한테 실망할 것 같아서 그것도 솔직히 무서워요. 이것도 민폐예요. 이 시간에 저 말고 다른 사람을 상담할 수도 있었을 텐데 제가 시간을 빼앗는 거잖아요."

Y는 불안에 중독된 것 같았다.

명료하게 자신의 일상과 간헐적인 즐거움에 대해 말하다가도, 문득 '불행과 재수없음'으로 이어진 자신의 삶을 잊고 있었다는 사실에 당황하면서 굳이 다시 자신을 쿡쿡 쑤셔대며 엉금엉금 불안의 그늘 속으로 걸어 들어가 파묻혔다.

Y는 자신의 불안이나 우울을 드러내는 걸 민폐라 여겨 적절히 숨겨왔다. 더욱이 그를 지지하는 가족과 친구들이 있고, 꽤 괜찮은 여러 능력을 가졌기에, 다른 사람들은 그의 불안의 깊이를 가늠할 수 없었다. 그러나 어느 순간부터 Y의 머릿속에서는 수많은 불안과 걱정이 폭발적으로 이어졌다.

이대로 괜찮은 걸까? 사람들이 나를 어떻게 생각할까?
날 싫어하면 어쩌지? 날 오해하면 어쩌지?
사람들은 내 모든 걸 낱낱이 평가하면서 때로는 난도질할 준비가 되어 있어 보이는데, 내가 언제까지 버틸 수 있을까?
내가 언젠가 실패하면 어쩌지?

완벽주의적 불안에 휘둘리지 말 것

이런저런 불안이 동시다발적으로 가슴을 내리누르니 Y는 늘 무력한 상태였고, 생산적인 일을 할 만한 생의 에너지가 점차 사그라들고 있었다.

휴일에는 외출하지 않으면 '불안이 자신을 먹어버릴 것 같아' 일부러 밖으로 나가 사람들과 억지로 어울렸고, 그게 아니면 그냥 집에 머물러 종일 잠에 빠져들었다. 낮인지 밤인지 모를 시간에 집에서 혼자 깨어 있을 때면, 멍한 기분에 '내가 내가 아닌 것 같은 느낌'마저 들어 무서울 정도였다.

Y는 면담 말미에, 어떤 일을 해도 안 해도 좋은 평을 듣지 못한다면 이젠 아무 일도 하지 않는 것이 좋겠다며 자조적인 농담을 했다.

그 농담이 어쩐지 진담처럼 확고히 들렸다.

이만하면 괜찮다

분명 열심히 살아가고 있으면서도, 끝없는 우울과 불안이 오르락내리락하며 주위 사람들이 자신에 대해 나쁜 평가를 하지 않을까 하는 염려로 스스로를 괴롭히는 사람들이 있습니다.

자기 자신에게 좀처럼 만족하지 못하는 사람들은 '완벽주의'라는 프레임에 갇혀 한 발짝도, 아니 반 발짝도 앞으로 나아가지 못합니다.

완벽주의를 다차원적 개념으로 분석한 고전적 연구에 따르면, 완벽주의에는 크게 다음의 여섯 가지 차원이 있습니다.

첫째, 실수를 곧 실패라 여기면서, 실수했을 때 자신에 대한 평가와 평판의 추락을 걱정하는 '실수에 대한 염려concern over mistakes'입니다.

    ㄴ 그러나 세상 사람들은 당신의 실수나 실패에 그리 관심이 없습니다. 당신이 다른 사람들의 실수나 실패에 큰 영향을 받지 않는 것처럼.

둘째, 스스로에 대해 지나친 기준을 설정할 뿐만 아니라 자신이 행하는 평가를 대단히 중요하다고 생각하는 '개인적 기준personal standards'입니다.

    ㄴ 그러나 사람들은 당신이 정한 셀프-기준에 전혀 관심이 없습니다. 당신이 정한 목표를 달성하든 달성하지 못하든, 당신이 스스로를 높게 평가하든 낮게 평가하든 사람들은 원래 관심이 없습니다.

당신이 다른 사람들의 셀프-기준에 큰 관심을 기울이지 않는 것처럼.

셋째, 부모가 자신에게 매우 높은 목표를 설정해놓았다고 생각하는 '부모의 기대parental expectations'입니다.

    ㄴ 실제로 주 양육자가 당신에게 높은 목표와 의무를 부여했을 수도 있습니다. 그러나 그건 어디까지나 그들의 생각일 뿐이니, '그래서 어쩌라고?' 정신이 필요할 따름이며 거기에 부응하려 노력할 필요가 없습니다.

다시 말하지만, 이제 당신의 인생입니다.

넷째, 부모가 과거에 혹은 현재에 나에 대해 지나치게 비판적인 태도를 취했음을 인식하고 있는 '부모의 비판parental criticism'입니다.

ㄴ 보통 직장에서 후배나 동료가 미워지는 까닭은 나와 일 처리 방식이 달라서이고, 가정에서 자녀가 몹시 미워지는 까닭은 대개 자신과 너무 닮아서입니다. 바로 이것이 미성숙한 부모들이 자녀를 혹독하게 비난하는 이유입니다. 즉 어린 나의 문제가 아니라 부모 자신의 문제였을 수 있습니다.

다섯째, 어떤 과업을 완수하거나 성취해낼 능력에 대해 자신의 힘을 의심하는 '행위에 대한 의심doubts about actions'입니다.

ㄴ 약한 수준의 걱정이나 의심은 미래를 대비하게 하는 나름의 진화적 이점이 있습니다. 사는 내내 우리 머릿속을 떠나지 않는 수많은 걱정들은 미래를 위한 실제적인 준비를 하게 해줍니다.

그러나 강렬한 수준의 의심은 우리로 하여금 마냥 불안을 껴안고 현재 상태에 가만히 부유하도록 만듭니다. 말로만 시험공부를 할 뿐, 실제적인 노력을 하지 않는 것이 흔한 사례이지요.

여섯째, 체계 혹은 순서를 강조하는 '조직화organization'입니다.

ㄴ, 불안이 높은 사람들이 가장 싫어하는 속담 하나가 '모로 가도 서울만 가면 된다'입니다. '아니, 어디로 갈 줄 알고 모로 무작정 가라는 거지?' 하는 반발심이 절로 듭니다. 반면에 그들이 가장 좋아하는 속담은 '돌다리도 두들겨보고 건너라'입니다. 하지만 굳이 두드리지 않아도 되는 돌다리들이 있습니다.

대충 갈 수 있으면 그냥 대충 가세요.

＊ ＊ ＊

살아가면서 절망적인 사건이나 실패를 예상보다 더욱 자주 겪게 된다는 사실을, 성인이 된 당신은 이제 곧잘 받아들이고 있으리라 생각합니다. 완벽한 것은 고사하고, 일을 어떻게든 끝마치는 것조차 어렵습니다. 끝도 없는 좌절감, 형편 없는 자존감, 저하된 자기효능감으로, 아침에 눈을 뜨면 '모든 게 나쁜 꿈이었던 것은 아닐까?' 하며 헛되고 헛되게 그간의 일을 되짚어보기도 합니다.

그러나 그 안에 머물러 있지만은 않았습니다. 그때마다 우리는 이번 생에서 우선순위로 두어야 할 게 무엇인지 마음을 재정비하고는, 사랑이나 건강 같은 가치들에 다시 집중했습니다.

성숙한 삶을 위한 '최적의 좌절'을 잘 겪어나가고 있는 것입니다.

특히 전대상피질anterior cingulate cortex[13]을 비롯한 뇌의 여러 영역에 장착된 기능들 덕분에, 우리는 차츰 불안과 자의식을 다독이며 실패마저도 자신의 삶 안으로 통합시켜 천천히 앞으로 나아갔습니다. 이 영역은 본래 거절과 같은 사회적 고통에 민감하게 반응하고, 실수를 탐지하거나 정서의 수준을 조절하는 역할을 담당합니다.

문제는 이 전대상피질의 반응이 과할 때입니다.

일반인을 대상으로 행한 2017년의 연구에 따르면, 전대상피질의 부피가 증가할수록 완벽주의 경향성이 두드러졌습니다. 이 영역이 완벽주의에 대한 신경해부학적 기반이었던 것입니다. 구체적으로 살펴보면 전대상피질의 회백질 부피가 증가할수록 자신이 실수할까 지나치게 염려했고, 자신의

완벽주의적 불안에 휘둘리지 말 것

행동을 과도하게 의심했습니다. 특히 이 영역의 부피가 증가한 사람이 자신의 능력과 결과물을 좀처럼 확신하지 못하는 경우 우울, 불안 및 부정적 정서로 이어졌습니다.

전대상피질 영역은 유난히 심하게 불안을 느끼는 사람들에게서도 특이한 활동성을 보입니다. 이들은 자기와 타인에 대한 정보, 긍정적-부정적 정서가emotional valence, 그리고 서로 다른 자극끼리 충돌하면서 발생하는 여러 오류들에 유달리 민감하게 반응하기 때문입니다. 그래서 목표 행동에 몰입해 반짝반짝 빛을 발하다가도 어느 순간 문득, 자신과 타인의 평가에 대한 차이나 현실과 이상의 괴리에 예민해집니다.

오류와 간극에 예민하게 반응하는 이 위험한 패턴은 습관화되기 쉽습니다. 그냥 내 멋에 취해 지나쳐도 될 것에 자꾸만 마음의 에너지가 쓰입니다. 100가지 중 99가지를 잘해도, 어긋나 있는 한 가지가 나머지 99가지를 평가절하하게 만듭니다.

* * *

특히 평판과 평가에 민감하고 자신의 실수에 날카롭게 반응하는 '평가 염려 완벽주의evaluative concern perfectionism, ECP' 유형은, 타인이 세운 기준보다는 자신이 선정한 가치 기준에 주의를 두는 '개인 기준 완벽주의personal standard perfectionism, PSP' 유형과 달리 유독 두드러지는 전대상피질 이상성을 드러냅니다.

사실, 일을 하다 실패를 해도 본인 성에 안 차 화가 날지언정 평판에 대한 염려는 적은 편이라면, 전대상피질 영역은 큰 특이점을 보이지 않습니다. 그러나 타인의 평가를 염려하는 사람들이 실수를 하게 되면 전대상피질을 포함한 내측 전두이랑에서 과도한 신경 활성화를 특징적으로 보입니다. 실수 탐지 및 자기조절과 관련한 영역이기에, 실수를 인식한 이후 반응속도마저 느려집니다.

이렇게 타인을 지나치게 의식하는 상태가 지속될 경우, 다시 말해서 전대상피질의 활성화가 과도한 상태로 유지될 경우 사람들은 당장 해야 하거나 할 수 있는 반응을 뒤로 미룹니다. 상처투성이 자기개념을 움켜쥔 채 앞으로 나아가지도, 그렇다고 뒤로 물러서지도 못하면서 제자리에 머물러 있는 것이지요.

따지고 보면 그렇게까지 완벽할 필요도 없고, 완벽할 수도 없습니다. 하지만 이를 인정하지 않는 사람들은 불필요한 신념과 예민한 뇌가 부지런히 합작해낸 불안과 염려, 자기비난과 완벽주의의 벽 안에 우두커니 서 있게 됩니다. 오늘의 불행, 오늘의 미진함에 몰두하면서요.

* * *

문제는, 이런 완벽주의 경향성이 세대를 지나오면서 점차 증가하고 있다는 것입니다. 우울과 불안으로 가는 포털이 점점 넓어지고 있는 셈이지요.

2017년의 메타연구에 따르면, 1989년부터 2016년까지 자신과 타인에 대한 사람들의 완벽주의적 기준이 꾸준히 높아지는 추세를 보였습니다. 또한 타인이 자신에게 원하는 기준이 얼마나 높을지를 짐작하게 했을 때 그 수준도 점점 높게 추정되고 있었습니다.

다른 사람을 의식하는 완벽주의 경향성은 만성적 자기불확실성과 자기의심, 저하된 자기효능감, 우울, 자살 사고 같은 병리적인 증상으로 빈번히 이어집니다. 그러니 스스로가 완벽주의적 불안을 갖고 있다면, 이를 단순히 성격적 특성으로 보기보다는 하나의 임상적 징후sign로 간주해야 합니다.

자신의 행동 패턴이나 결과물 산출 패턴을 주의 깊게 헤

아려봅시다. 아웃풋이 나오기까지 지연 행동이 많다면, 어딘가 살펴봐야 할 자기만의 역동이 있다는 뜻입니다.

앞서 달려가는 걱정을 멈추고, 나의 생각과 행동과 결과물을 하릴없이 수정하는 일을 그만둬야 합니다. 완벽주의 경향성이 있는 분들이라면 피했으면 하는 소설 가운데 하나가 《방망이 깎던 노인》입니다. 깎고 깎다가 아예 이쑤시개를 만들 참이 아니라면, 거기서 그만 손을 떼고 머릿속에서건 실제 현실에서건 '외부로 전송' 버튼을 누릅시다. 밖으로 나가 오랜만에 맛있는 커피나 한잔하는 것도 좋겠지요.

나의 수행과 결과물에 대해 누군가가 '완벽히' 안심시켜주기를 바라는 마음도 클 테지만, 나를 '완벽히는' 알지 못하는 사람이 나에게 확신을 준다는 건 불가능합니다. 그 사람이 뭘 알겠어요?

당신이 그 누구보다 당신 자신을 가장 잘 알 겁니다. 그러니 본인이 어떤 오류와 간극에 예민한지를 빠르게 파악하고, 시시때때로 터무니없이 출몰하는 불안의 스위치를 직접 끄는 연습을 해야 합니다.

완벽주의적 불안에 휘둘리지 말 것

"신경 끄자. 이만하면 괜찮다.

완벽은 됐고, 그냥 꽤 괜찮은 나 자신으로 존재하면 돼.

자, 이제 다음."

되면 좋고, 아니면 말고

당신이 우울도 있고 불안도 있는데 완벽주의적 성향도 있다면, 일단 완벽주의라도 미리 살펴 어떻게든 처리를 해두는 것이 좋습니다. 마음이 불안정한 상태에서 경험하는 완벽주의는 긍정적인 대인관계를 맺어나가는 데 지속적으로 방해가 되고, 심리치료의 예후에도 부정적인 영향을 미치기 때문입니다.*

---

* 물론 자신의 완벽주의가 진짜 완벽주의인지, 게으름에서 비롯한 잘못된 습관인지를 구분해야 합니다. 후자의 경우는 완벽주의가 아니라 우유부단하고 잘 미루는 습관일 뿐입니다. 여기에 해당하는 사람들은, 완벽주의자로 라벨링하면 타인에게 그럭저럭 잘 포장되어 보인다는 것을 잘 아는 사람들입니다.

완벽주의적 불안에 휘둘리지 말 것

나에게 도움이 되는 완벽주의도 분명 있으나 완벽주의자는 대체로 '적당한' 수준을 모릅니다. 그래서 대부분의 완벽주의는 여러 신체적·정신적 병리에 기여합니다.

대다수 한국인이 앓고 있다 해도 과언이 아닌 '만성피로증후군'이 대표적인 사례입니다. 만성피로증후군으로 진단받은 환자들의 일상을 추적한 연구에 따르면, 자기비판적인 완벽주의가 결국 매일의 짜증을 만들어내고, 이것이 매우 위험한 수준의 스트레스 민감성과 우울, 자살 시도로 이어집니다. 남들에게 내가 어떻게 비칠까 염려하는 일은 우리 마음을 자꾸만 아래로 끌어내립니다.

* * *

심리학에서는, 자신이 타인에게 어떻게 보일지에 대한 자기평가와 관련된 정서를 '공적 자의식public self-consciousness'으로 분류합니다. 공적 자의식에는 감정이 따라옵니다. 그중엔 자부심 같은 긍정적인 자의식 정서도 있지만, 수치심이나 죄책감 같은 부정적인 자의식 정서가 더 흔하고 다양합니다.

부정적인 자의식 정서에 몰두하기 시작하면 객관적 상황은 더 이상 머릿속에 입력되지 않습니다. 합리적인 수준의 인지적 처리가 멎어버립니다. 그뿐 아니라 대인관계에서 '너무 긴장하다 못해 토할 것 같은' 신체적인 경험마저 하게 됩니다. 수치심과 죄책감으로 스스로의 말과 행동, 감정을 곱씹다 보면 우울과 불안, 불면으로 이어집니다. 이러한 경험 때문에 처음으로 심리치료를 결심하는 분들도 많습니다.

그러나 정확히 말하면 문제는 자의식 '정서'가 아니라, 완벽주의와 관련한 잘못된 '생각'입니다. 연구 데이터에서 완벽주의적 특성을 통계적으로 제거하면 자의식 정서가 우울이나 불안에 미치는 영향이 함께 사라집니다. 이 점은 1997년 〈완벽주의, 자의식, 불안Perfectionism, self-consciousness and anxiety〉이라는 연구가 발표된 이후 여러 차례 검증된 바입니다.

혹여 '내가 괜찮아지려면 이 기분을 좀 어떻게 해야 돼'라고 생각할 수도 있겠지만, 사실 우울이나 불안 같은 임상적 문제의 기원은 '나는 이래야 하고 저래야 한다'는 식으로 스스로를 묶어버리는 완벽주의였을 수 있습니다.

어린 시절 양육 과정에서 지나치게 높게 부여받은 기준과 이에 따라 너무도 견고해진 초자아superego, 그리고 원가족과의 역동에 따른 과한 죄책감이나 열등감은 우리를 지나치게 '애쓰게' 만듭니다. 민폐 끼치지 않으려고, 싫은 소리 듣지 않으려고, 사회생활에서 실패하지 않으려고, 자신의 행동

완벽주의적 불안에 휘둘리지 말 것

을 지나치게 감독하는 것이지요. 지금, 이 순간에 머무르지 못하고 어떤 때엔 과거를 복기했다가 어떤 때엔 수많은 미래 상황을 시뮬레이션했다가 하는 과정에서 마음은 과부하 상태가 됩니다.

물론 자기 삶에 여러 노력을 기울이는 건 좋은 일입니다. 그러나 단지 그뿐이어야 합니다. 노력을 하면 그것으로 충분한 것이지, 지나친 고통을 감내하고 자기 마음을 부숴가면서까지 완벽을 위해 애쓸 필요는 없습니다.

* * *

냉정하게 말해서, 우리는 언제 생을 마쳐도 이상하지 않을 각자의 궤적을 삽니다. 매일을 쾌락적으로 살 필요는 없지만 적어도 나만큼은 나에게 관대해져도 좋습니다.

타인의 시선을 의식하느라 일어나지도 않은 일로 전전긍긍하지 마세요. 짓눌리는 감정을 안고 새벽에 눈을 떠, 차오르는 불안으로부터 주의를 돌리기 위해 무의미하고 피상적인 인터넷 서핑에 몇 시간씩 소모하는 일상이, 사실은 당신을 더욱더 불안하게 만들고 있잖아요.

완벽주의는 긍정적인 정서 경험과 결합할 때 가장 좋은 성과를 냅니다. 완벽을 기하려는 자기 모습에 즐거워하고,

완벽 '비스무레'한 상황에 즐거워하고, 완벽하지 못한 결과에 남 일인 듯 깔깔댈 때 완벽주의는 '최적의 결과'를 가져옵니다. ('완벽한 결과'라고 하지 않았습니다. 어차피 그런 건 어디에도 없습니다. 특히나 완벽주의자의 뇌에는.)

이렇게까지 애쓰지 맙시다. 그냥 지금 할 수 있는 노력을 합시다.

되면 좋고, 아니면 마는 겁니다.

저 스스로도 언젠가부터 주문처럼 외는 말이기도 하고, 치료 장면에서 가장 효과적인 표현 중 하나이기도 합니다.

되면 좋고, 아니면 말고.

일이나 사랑, 자녀 양육이나 결혼 실패가 우리의 가치를 낮추나요? 아닙니다. 아프리카 속담처럼, 내 안에 적이 없으면 세상 그 무엇도 나를 해치지 못합니다.

내가 할 수 있는 일에 최선을 다했기에, 내 안에서 나를 찌르는 그 어떤 내부의 적이 없다면 외부의 그 무엇도 나를 함부로 깎아내리거나 다치게 할 수 없습니다.

제가 범불안장애나 중등도의 우울감을 수년간 겪었던 유년기와 청소년기의 생각과 감정을 학생들이나 내담자들에게 부분적으로 자기노출 self-disclosure 할 때가 있습니다. 이제 와 돌아보면 그 시절에 내가 왜 그렇게까지 나 자신을 날카롭게 찔러대며 애면글면했을까 싶다는 생각도 함께 전합니다.

'그 모든 소망은 되면 좋고, 아니면 마는 것들이었는데. 그나마 그때의 나를 돌볼 사람은 나뿐이었는데.'

내가 그 일을 해내면 좋겠지만, 아니면 마는 것입니다. 내가 그 사람 마음에 들면 좋겠지만, 아니면 마는 것입니다.

이번의 시도가 좋은 결과를 가져오면 좋겠지만, 아니면 또 마는 것입니다.

어쩌다 나의 노력 덕분에 일이 잘된다면, 나는 작은 자기효능감 하나를 챙기고 다음 일을 도모하면 됩니다.

만일 안 된다면? 그러면, 그냥 마는 겁니다.

내가 할 수 있는 노력을, 내가 불행해지지 않을 정도로만 다한 후에 '그래서 어쩌라고?' 정신으로 다른 즐거움을 찾아내어 즐기면 됩니다.

그때 당신을 가장 순진하고 순수하게 행복하게 해줄 일을 찾으면 좋습니다.

혼자 '넷플릭스' 영화를 보는 것, 나만의 글을 쓰는 것, 맛있는 드립 커피를 내리는 것, 연예인이나 '스타워즈' 덕질을 하거나 프라모델을 만드는 것, 아무 일 없이 사랑하는 사람과 나란히 앉아 있는 것, SNS 친구들과 어처구니없는 농담을 나누는 것, 지나가는 사람을 관찰하는 것…….

그 어떤 완벽주의도 개입할 여지가 없는 '기쁨의 목록'을 가져볼 필요가 있습니다.

* * *

우리는 앞으로도 계속해서 실패할 것이며, 느닷없는 불행과 거절을 경험하게 될 것입니다. 그럼에도 우리는 여태까지 그래왔던 것처럼 매일 조금씩의 허무를 이기고 그럭저럭 잘 살아갈 것입니다.

우리는 100퍼센트 완벽해질 필요도 없고, 뭔가를 성취함으로써 주위 사람들에게 인정을 받을 필요도 없습니다. 그런 성과들이 나의 존엄성과 가치에 큰 의미가 있긴 할까요?

살아온 그 수십만의 시간 동안 우리는 언제나 완벽하게 살아 있었습니다.

0도, 0.5도 아닌, 1로서 계속 존재해왔습니다.

괜찮아요, 충분해요.

완벽주의적 불안에 휘둘리지 말 것

이렇게까지 애쓰지 맙시다.

오늘의 숙제는 이렇습니다

당신이 왜 굳이 완벽해지길 원했던 것인지, 그 기원을 찾아볼 것.
특히 그 역기능적인 완벽주의가 어떻게 당신 마음에 자리를 잡았고, 멋대
로 당신 마음을 찔러왔는지 살필 수 있기를.

당신이 당신으로서 순진하게 행복했던 일이 무엇이었는지 목록을 만들어
볼 것.
그리고 이번 주만큼은 두어 시간 정도 짬을 내어 그 일들에 집중해보고,
당신을 안심시켜주기를.

작은 선물이라도 좀 사서 자신에게 들려 보내주세요.

우리는 매일의 불안과 허무를 이겨내며 그럭저럭 잘 살아왔습니다.
괜찮아요.

나 같은 사람은
세상에 또 없을 거예요

억울감과 외부귀인

S의 표정에 이름을 붙이자면 어떤 날은 노여움이고 어떤 날은 처연함이었다.

"사람들이 제 이야기를 들으면 어떻게 그렇게 사람 운이 없냐고 웃어요. 제 딴엔 열심히 해보려고 해도, 얼마쯤 가다 보면 찬물을 끼얹거나 일을 엎어버리는 사람들만 있으니 점점 예민해져요. 한 번도 뭔가 수월하게 풀린 적이 없어요. 어떤 날은 자다가도 이게 화병이구나 싶을 정도로 화가 치밀어 오르다가 또 어떤 날은 이렇게 여기저기서 치이는 게 내 팔자인가 싶어 무기력하고요."

S는 잠이 들기까지 시간이 꽤 오래 걸린다고 했다. 불을 끄고 누우면 너무 많은 생각들이 폭우처럼 쏟아졌다.

그때 그 사람만 아니었으면, 그때 그 일만 아니었으면.

아니었으면, 아니었으면…….

'아니었으면' '않았더라면'의 단서를 달아보면, 지금보다 모든 게 나아졌을 것이라는 생각에 분노가 치밀었고, 유독 스트레스를 많이 받는 날에는 억울한 감정이 가슴에 폭발하듯 차올라 어느 날은 아예 생각이 끊기는 듯한 기분이 들기도 했다.

그가 살아온 날들은 실제로 그리 순탄하지 않았다. 특별히 임상적 수준의 트라우마로 기록될 일은 없었지만, 중요한 성취 기회를 앞두고 중요한 사회적 관계가 운 나쁘게 어그러져 불화와 단절로 이어지는 경우가 종종 있었다. 큰 문제는 없었음에도 나쁜 평판에 시달리는 억울함도 있었으며, 계획하거나 진행하던 일이 도중에 무참하게 중단되는 경우도 빈번했다. 누구든 몇 날 며칠 혹은 몇 달씩은 마음고생을 심하게 할 일들이었다.

그런데 S의 경우, 초반 몇 회기 동안의 심리치료 과정에서 특유의 패턴이 두드러졌다. 그가 겪은 일이 실제로 매우 힘들었겠다 싶어 공감을 표현할라치면 그는 피해자 역할극을 하듯 점점 더 자기감정에 몰입했다.

그러다 충분한 지지를 받지 못한다고 느끼면 또 다른 사건들을 끌어다 붙여 자신의 힘든 삶을 내게 설득시키려 했다.

상황이 이렇다 보니 치료 과정은 매우 더뎠다. 그는 매 회기마다 유사한 주제를 새로운 내용으로 달리 포장해서 가져왔는데, 자신이 얼마나 억울하고 힘든지 토로하며 이야기를 원점으로 되돌리곤 했다.

그런데 가만히 내용을 들여다보면 자신보다는 타인의 행동에 대해 지나치게 자세히 기술했고, 종종 나에게 다른 내담자들의 삶에 대해 물으며 그들과 자신 중 누가 더 불행한지를 두고 경쟁하고자 했다.

완벽주의적 불안에 휘둘리지 말 것

"그건 당연히 그렇게 되는 일이었거든요. 제가 하면 되는 일이었고. 그런데 위에서 뜬금없이 이런 지시가 내려오면 제가 뭘 어쩌겠어요. 이제는 사람을 믿는 게 무섭고 환멸 나요. 사람 하나 바보 만드는 것도 아니고 정말……. 제가 누굴 진짜 죽이진 않겠지만, 그 사람이 죽었으면 좋겠다는 생각도 많이 해봤어요. 뭘 더 하고 싶은 의욕도 없고, 지금처럼 현상 유지하는 게 그나마 제가 할 수 있는 최선인 것 같아요. 세상에, 저 같은 사람이 또 있을까요?"

하마터면 '그런 사람, 아주 많다'고 대답할 뻔했지만 일단 또다시 같은 패턴을 이야기하도록 두었다. 그날은 S에게 정말 힘든 날이었던 것도 같았다.

억울감을 자가발전하는 사람들

사람의 뇌는 본래 '잘되면 내 덕, 못 되면 남 탓'을 하도록 프로그래밍되어 있습니다.

이는 인지적으로 자기보호를 해나가는 데 매우 중요한 자원입니다. 우리 뇌는 과거와 현재의 복잡한 상황을 비교적 단순하고 수월하게 설명해버리고, 나아가 내게 이로운 쪽으로 미래를 예측하는 좋은 기능을 갖고 있습니다.

특히나 세상은, (사실 사건 자체로는 어떤 의도성도 없으나) 나에게 부정적인 의미로 작용하는 일이 별안간, 꽤나 자주 일어나는 곳이기에, 내가 나 자신을 좋게 봐줘야 그나마 내 흥에 겨워 살 수 있습니다.

이런 마음의 습관을 심리학에서는 '자기본위 편향self-serving bias'이라고 합니다.

사람들은 어떤 일이 일어나면 그 일의 원인을 찾으려는 귀인歸因, attribution 행동을 합니다. 긍정적인 결과에 대해서는 '모두 내 덕이지!' 하는 식으로 자기귀인self-attribution 혹은 내부귀인internal attribution을 하고, 반대로 부정적인 결과에 대해서는 '네 탓이야!' 하는 식으로 타인귀인other-attribution 혹은 외부귀인external attribution을 하지요.

우리는 특히 자신에 대한 자기개념이 위협받는다고 느낄 때, 문제의 원인과 관련해 외부귀인을 합니다.

예를 들어 나는 학점을 꽤 잘 받는 학생이라는 자기개념이 위협받으면 '시험문제가 엉뚱한 데서 나왔어!' 한다든지, 나는 매너가 좋은 사람이라는 자기개념이 위협받으면 '그렇게 이상한 인간은 처음 봤어!' 하는 식으로 원인을 외부로 돌리는 것입니다.

우리의 자존감을 유지하려는 자기본위 편향은 구차한 변명처럼 보여도 실은 심리적으로 꽤 기능적인 역할을 합니다.

그러나 '잘되면 내 덕, 못 되면 남 탓', 이 간단한 자기본위 편향을 하지 못하는 사람들이 있습니다.

연구 결과를 보면, 우울증이 있는 사람들의 자기본위 편향은 상당히 약화되어 있습니다. 심지어 실험 장면에서 오로지 연구 목적으로 인위적인 우울감을 조성하는 경우에도, 자기 자신을 지키기 위해 작동해야 하는 이 자기본위 편향은 힘을 잃습니다.

가정불화에 오래 노출되어 부모가 다투는 일을 모두 자신의 결함 때문이라고 자책하며 애써 이 상황을 이해하려 했던 아이들도 그렇습니다. 누군가의 평안을 위해, 혹은 관계에 관한 왜곡된 생각 때문에 과도한 죄책감을 의무적이고도 지속적으로 경험하게 되면 자기본위 편향이 점점 약해져 나 자신을 지켜낼 기력을 잃고 맙니다.

모두가 내 탓.

우리 가족의 불행과 가난, 부모의 이혼,

그 사람의 죽음,

나의 이별, 나의 실패,

모든 것이 나의 탓.

연구에 따르면, 자기본위 편향이 무너졌을 때 이것이 심리적·신체적 질병으로 이어지거나 기존 질병이 지속되는 데 기여합니다. 그래서 심리치료 장면에서는 지나친 내부귀인을 수정하는 데 오랜 시간을 들이기도 합니다. 심리 서적들도 이런 문제를 많이 다뤄왔고요.

하지만 여기서는 오히려 자기본위 편향이 지나치게 높아지는 경우를 다루고자 합니다. 흔히 겪는 일이기에 오히려 간과하기 쉬워서 우리의 심리적 성숙을 은근하게 가로막는 자기연민과 억울감에 대한 이야기 말입니다.

실패감과 절망감, 수치심과 모멸감이 뒤엉켜 있는 기억을 놓고 쿨하게 객관성을 유지할 수 있는 사람은 드뭅니다.

사람들이 이런 상황에서 '나쁜 나'가 아닌 '불쌍한 나'를 설정하는 까닭은, 아무튼 어떻게든 살아보기 위해서입니다. 지금의 실패만으로도 고통스러운데 이를 '내 탓'으로 돌릴 준비가 아직 안 되어 있으니까요. 누군가를 비난이라도 해야 통제감 상실, 불안정감, 불안감, 열패감으로부터 내 주의를 돌릴 수 있을 테니까요.*

• 실제로 심리상담을 위해 찾아온 내담자들 가운데에는, 자기 자신을 해치며 우울 안으로 파고드는 것보다야 차라리 그렇게 타인을 비난하며 버티는 게 다행으로 보이는 분들도 있습니다. 정서적 고통감 속에서 어떻게든 살아남으려는 것이니까요.

원망스럽고 억울하게 생각되는 일들 중에는 누구 탓을 하기에 애매한 것도 있고, 오히려 자기 탓인 것도 있습니다. 설령 누구의 잘못이었대도 이제는 그걸 따지는 게 소용없는 일도 있습니다.

이때 다른 사람을 탓하며 억울감을 호소하면, 실제적인 문제 해결에 효과는 없을지라도 남들이 보기엔 꽤 그럴듯하기도 합니다. 또 가끔은 주위 사람들이 지지를 해주기도 합니다. 결국 소득이 있기에 이 고질적이고 드라마틱한 대처법을 버리지 못하게 되는 것이지요.

그래서 지나치게 남 탓, 상황 탓을 하는 외부귀인을 수정하려 하면, 수정은 차치하고 본인에게 그런 습벽이 있다는 사실을 인정하도록 만들기까지 아주 오랜 시간이 걸립니다.

* * *

부정적인 사건에 대해 외부귀인을 하거나, 타인의 마음을 넘겨짚어 곡해하거나, 현실을 왜곡하여 피해망상을 발전시키는 등의 정신증적 증상은 여러 뇌 영역[14]의 이상 활동성과 관련이 있습니다.

임상 증상이 없는 일반인을 대상으로 한 연구에서도, 자기에게 위협적으로 보이는 사건에 주의를 두거나 해당 정보

완벽주의적 불안에 휘둘리지 말 것

를 처리하도록 하면 유사한 결과가 관찰됩니다.

여기서 많은 연구자들은 우리 뇌에서 상측두회 일부를 포함하는 측두두정 접합temporoparietal junction에 주목합니다. 이 영역은 사회적 상호작용을 해나갈 때 타인의 감정과 생각을 짐작하는 일에 관여하기에 사회적 상호작용의 핵심 영역으로 간주됩니다. 그런데 이 영역이 작동하지 않는다면 어떤 일이 일어날까요?

특정 기법[15]으로 타인의 마음을 헤아리는 기능을 담당하는 우측 측두두정 접합의 활동성을 일시적으로 억제하면, 상대가 혹시 갖고 있을지 모를 적대적인 의도에 대해 알아보려는 집착이 증가합니다. 좌측 측두두정 접합의 활동성을 억제해도 다른 사람의 의도를 과도하게 추정하려고 합니다.* 즉, 타인의 의도를 의심하기 시작하는 것은 속된 말로 '머리를 너무 굴려서'가 아니라, 우리 뇌 일부 영역이 제대로 일을 하지 않고 있기 때문입니다.

측두두정 접합은 타인의 마음을 추론하는 일뿐 아니라 공감이나 도덕적 판단에 기여하며, 특히 타인에 대한 적대감과 공격성을 억제하거나 조절하는 기능을 하기에, 지나치게

---

* 이 경우 그나마 다행인 건 타인의 '적대적이지는 않은' 의도에 몰두한다는 점입니다.

남 탓을 하는 사람들은 때로 실제 분노 표출을 하기도 쉽습니다.

* * *

건강한 마음 상태라면 귀인을 적절히 사용할 수 있습니다. 모두 남 탓으로 돌리려다가도 '어이, 정신 차려, 이 병리적인 사고 전개는 좀 지나쳐!' 하며, 달려 나가는 자신의 생각을 급히 알아차리고 그 자리에 멈춰 세울 수 있습니다.

불가피한 좌절과 외로움 안에 잠시 머물러 자신의 심리적 성숙을 높이는 사람들도 있습니다. 일이나 사랑에서의 실패에 대해 전적으로 남 탓, 상황 탓으로 돌리고 싶은 충동을 적절히 눌러가면서, 어떻게든 현실감을 유지한 채로 '남 탓을 많이, 내 탓은 조금' 해가며 살아갈 수도 있습니다.

한데 이런 대처가 자동적으로 나오는 습관으로 굳어지면 좌절을 버텨내는 힘, 심리학에서 말하는 '좌절에 대한 인내력'이 점점 부족해집니다. 지금의 나를 보지 않으려는 방어적 태도는 계속해서 주의의 방향, 분노의 방향을 외부로 돌리는 데 기여하기 때문에 나에게서 통찰의 기회를 빼앗습니다. 그럴 때만큼은 내 문제를 들여다보지 않아도 되니 스스

완벽주의적 불안에 휘둘리지 말 것

로에게는 거리낄 것이 없습니다.

그러나 이때 나의 뇌와 마음은 괴상한 일을 꾸미고 있습니다. 타인의 마음과 사회적 맥락을 살피려는 사회적 뇌의 활동성이 저하되고 갈등 상황을 버텨내는 심리적 힘이 부족한 상태에서, 스트레스 상황을 적극적으로 타개할 방법을 찾기보다는 분노와 억울감, 소외감을 과잉 생산하는 데 집중하는 것이지요.

곁에 있는 사람을 질리게 만든다는 걸 알면서도 억울감과 외로움을 굳이 계속해서 자가발전하는 분들이 있습니다. 힘들 때 가끔은 그럴 수 있습니다. 다만 당신 에너지의 방향이 잘못된 쪽으로 달려가는 바람에 오히려 당신을 해치고 있지는 않은지 스스로를 돌아봐야 합니다.

그것들 모두 다 아까운, 당신 생의 에너지입니다.
그냥 다른 것을 자가발전해봅시다.

나 자신의 너그러움이라든가,
귀여움이라든가.

당신의 과거는 당신의 미래가 아니다

사는 게 녹록지 않은 것이, 맞습니다.

우리가 살면서 일어나는 일 가운데 열에 한둘은 간절히 바라왔던 것이고, 나머지 여덟이나 아홉은 우리 의지와는 상관없이 그냥 일어나버리는 일입니다.

일반 인구의 스트레스 수준이 실제로 점점 높아지고 있다는 연구 결과도 꾸준히 나오고 있습니다.

특히 다른 사람과의 관계는 더욱 통제 불가능하기에, 때로 초조하고 쉽게 언짢은 것도 사실입니다. 욕심 없이, 편안한 태도로 성숙한 삶을 살아보겠다며 마음을 비우려다가도, 타인과의 관계나 역할에 몰두해 '나 아니면 안 돼!' 하는 생각으로 애를 씁니다.

이미 일어난 문제에 대해서는 그것을 순순히 받아들이고, 자기 행동에 온전히 책임을 지고, 때로는 기꺼이 외로움의 무게를 감당해야 하지만, 많은 사람들이 스스로를 방어하고 보호하기 위해 타인은 물론 자기 자신마저 기만합니다.

특히 다양한 형태의 실패나 좌절과 맞닥뜨렸을 때 나의 가치가 손상될까 싶어 '질척거리기도' 합니다. 비난할 대상이건, 구원의 손길을 뻗어줄 사람이건 그 누가 됐든 내 방패막이가 될 사람을 찾기 시작합니다.

당면한 문제에 당당히 맞서기보다는 어떻게든 모면하려다 보니 장기적으로는 외부 환경에 대한 의존성은 높아지고 자존감이 낮아집니다. 다른 사람 없이는 모든 것이 곤란합니다.

이래서는 어쩌다 좋은 일이 일어났다 하더라도 혼자 자유롭게 즐기기 어렵습니다.

* * *

이런 행동 패턴이 아무 맥락 없이 시작되진 않습니다.

오랜 시간 거절, 비난, 무시를 경험하다 부정적인 자기개념이 장기 기억으로 차곡차곡 저장되면, 운 좋게 타고난 지적 자원이나 우연한 기회 덕분에 잘 버티던 사람도 운 나쁘게 닥친 갑작스러운 문제에 금세 마음이 와들와들 요동치고 걷잡을 수 없는 불안이 시작됩니다.

나름 그렇게나 애를 써왔는데, 이런 식으로 내 이미지에 위협이 되는 부정적인 사건과 애매한 상황을 삶의 일부로 받아들이는 것을 용납할 수 없습니다. 내가 왜 이런 일까지 감당해야 하나 싶은 억울감 탓에 이런저런 신체 증상마저 나타나고, 때론 이를 스스로 '화병'으로 명명하기도 합니다.

'나는 이런 사람' '나는 이런 일을 해야 하는 사람' 같은 자기개념이나 표상이 손상될까 우려하는 마음의 밑바닥에는, '자기 안의 싸움'도 한몫을 합니다. 연구에 따르면, 이상적 자아와 현실적 자아의 간극이 클수록 피해의식과 방어 태세가 높아집니다.

살다 보면 외부의 피드백이 가만히 잘 있는 나를 자꾸만 툭툭 건드릴 때가 있습니다. 이럴 때 이상적 자아에 한참 못 미치는 현실적 자아를 발견하게 되면, 머릿속에서는 이런저런 실패 장면이 그려지고 불쾌감과 당혹감이 치솟습니다.

"내가 이러고 있으면 안 되는데, 이게 다 그 사람 때문이야, 그 일 때문이야!"

완벽주의적 불안에 휘둘리지 말 것

"내가 이 일을 안 해서 못 하는 것이지 못해서 못 하는 게 아니에요. 아무튼 지금은 상황이 좀 그래서 그냥 안 할래요."

이렇게 주위 사람들에게 지지를 요구하며 하소연하는 과정에서 모든 이야기는 불행감과 억울감, 자기 변명을 중심으로 재편됩니다. 그런 프레임에 갇힌 사람들은 점점 더 피해자 역할, '을'의 위치를 공고히 하고요.

내 문제나 결함이 수면 위로 떠올라, 그렇잖아도 위태로운 이미지가 더 큰 위험에 놓이기 전에, 또는 가상의 가해자에게 실은 죄가 없다는 사실이 밝혀지기 전에, 내 쪽에서 먼저 핍박받고 박해받는 자의 역할을 취하여 다른 사람들의 감정을 뒤흔드는 것입니다.

* * *

그러나 총량이 제한된 당신의 시간과 에너지를, 사소한 사건에 불쾌감과 억울감을 드러내는 데 사용하고 있다가는 이후의 삶이 실제로 억울해질 수 있습니다.

과거의 단편들이 당신의 미래를 결정하게 만들지 마세요.

5년 뒤의 시점에서 지금을 돌아봤을 때, 내 억울함을 하소연하지 못한 게 후회될지, 아니면 그 시간에 '뭐라도' 하지 않았던 게 후회될지 냉정히 살펴야 합니다.

설령 나를 좌절시킨 상대가 실제로 존재한다 해도 내가 당장 그 고약한 대상을 바꿀 수 있는 위치에 있지 않다면, 어느새 은밀하게 나에게 침투해서 작동하고 있는 외부귀인의 패턴이라도 재빨리 알아차려 마음의 프레임을 다시 정돈해야 합니다.

자동반복적으로 떠오르는 '너 때문에 나는 아직 불행해!' '너만 아니었으면⋯⋯' 같은 이미지와 말과 감정도, 마음의 프레임이 넉넉하고 단정하게 세워져 있다면 그 마음의 공간을 아무렇지 않게 스쳐 지나갈 수 있습니다. 나의 어떤 것도 다치지 않도록, 가볍게 말이지요.

마음의 프레임을 점차 넓히기 위해서는 뒤엉킨 자기 마음과 얼마쯤 거리를 두고 자기 자신을 관조하는 것이 좋습니다. 부정적인 생각, 억울감, 분노가 한때 내 안에 떠올랐음을 인정하고 너그러이 받아들여야 합니다.

마음의 경험을 억지로 통제할 필요는 없습니다. 생각을 억제하려 할수록 그 생각은 더 강력한 힘을 얻는다는 '사고 억제의 반동 효과rebound effect of thought suppression'*는 이런 수용acceptance 기법의 중요한 근거가 되기도 했습니다.

불필요한 자존심과 의존성 때문에 스스로에게 가장 나은 선택을 하지 못하고 멈춰 서 있는 당신이라면, 실제로 신경 써야 할 몇 가지가 있습니다.

먼저, 이상적 자아상을 세심히 파악해서 그중 판타지 수준의 목표는 잘 찾아 떠나보내야 합니다. 당신의 자기지각이나 미래 예측이 지금 약간 잘못 설정돼 있어 당신을 혼란스럽게 하고 있을 수 있습니다.

이상적 자아를 설정하는 일이 누군가에게는 중요하겠지만, 이를 꼭 설정할 필요는 없습니다. 당신이 높은 성취를 이룬다면 그건 좋은 일이겠지요. 그러나 그런 성취가 없다 해도, 당신의 가치가 내려가는 일은 없습니다. 당신은 그런 사람이 아니에요. 당신의 가치는 원래부터 그 자리에 단정히 존재하고 있었습니다. 당신이 알아봐주길 바라며.

• "지금부터 이 글을 다 읽을 때까지 절대로 '맛있는 무지개떡'은 떠올리지 마세요. 맛있는 무지개떡을 생각하지 않도록 모든 방법을 동원하고, 혹시라도 관련한 생각이 떠오를 때마다 이 버튼을 눌러서 알려주세요." 이런 지시를 받으면 그 뒤로 맛있는 무지개떡에 대한 학술논문을 쓸 수 있을 만큼 수많은 생각이 올라와, 겸연쩍게도 버튼을 계속해서 누를 수밖에 없습니다. 이것은 생각을 막으려는 시도 자체가 오히려 역효과를 불러일으킨다는 내용의 이론으로, 수많은 논문을 통해 입증된 바입니다. 다만 이런 억제 시도가 실제로 망각에 도움이 된다는 최근의 반론도 존재한답니다.

혹여 이상적 자아를 설정해두었다면 그건 그대로 두고, 현실적 자아와 언젠가는 수렴되길 바라며 그냥 지금 할 수 있는 일을 하세요.

항상 하는 말이지만, 아니면 말고요.

다음으로, 다른 사람은 뭘 하고 있는지 자꾸만 살피며 타인의 성과에 불편해하거나 고통스러워하는 습관을 버려야 합니다. '그 사람은 단지 운이 좋았던 거다' '원가족만 아니면 내가 지금 이렇진 않았을 거다' '내 앞에 놓인 상황이 불공평하다' 하는 등의 상념이 얼마나 쓸모없는 인지적 자원의 낭비인지 빨리 알아차려야 합니다.

이제부터 바꿀 수 있는 것과 바꿀 수 없는 것, 그리고 바꿀 필요가 있는 것과 바꿀 필요가 없는 것을 이성적으로 계산해야 합니다. 20대 후반 넘어서까지 어린 시절 자신을 학대한 원가족에게 분노를 토로하는 일 역시 가치가 없습니다. 뒤도 돌아보지 마세요.

성인인 당신이, 당신의 보호자입니다.

마지막으로, 당신의 행동을 객관적으로 모니터링해주는 사람이 없다면 고질적인 외부귀인 패턴이 고착화되기 쉬우니, 이 문제를 함께 다뤄줄 사람을 찾는 것도 중요합니다.

나에 대한 안 좋은 이야기나 부정적인 피드백이 다 나를 질투해서 나오는 것이라며 정신승리를 하고 있으면 안 됩니다. 사실 당신의 주위 사람들도, 보호자도 '네가 너무 잘나서 그렇다'며 무조건 다독이기만 해서는 안 됩니다. 그건 그냥 피해자 역할에 몰입한 당신의 자아를 계속해서 기괴하게 가꿔주는 일에 불과합니다.

단 한 명이라도 '지금은 억울해하기보다는 너를 들여다봐야 할 때'라며 옆에서 담담히 잡아주는 사람이 필요합니다.

정말로 남 탓이라면 지금은 일단 내 힘을 키울 일이고, 누구 탓도 아니라면 내 꼬인 생각을 들여다봐야 하며, 내 탓이라면 그때부터 성장의 발판을 다시 조정해야 합니다.

당신의 과거는 당신의 미래가 아닙니다.

오늘의 숙제는 이렇습니다

천천히 자신을 돌아볼 것.

나는 어떤 경우에 특히 입버릇처럼 남 탓을 해왔을까?
그것이 도대체 어디에 어떻게 효과가 있었던 것일까?
내게는 과연 적절한 시기에 쓴소리를 해주는 사람이 있을까?
나는 또 누군가에게 어떻게 기억될까?

4부

의미를 찾으려 하지 말 것

일이나 사랑의 실패라든지, 내 의지와 상관없이 타고난 기질적 특성 때문에 우울은 찾아옵니다. 그럴 때 '어, 왔어?' 하는 수용과 승인은, 나를 우울의 피해자가 아닌 우울을 맞아들이는 주체적인 집주인 모드로 준비시킵니다.

방금 한 그 말, 무슨 뜻이죠?

날선 방어

그날따라 M의 날선 태도는 용도를 다한 수세미의 올처럼 비교적 매끈했던 상담의 표면을 자꾸만 날카롭게 뚫고 올라왔다. M은 내가 건네는 안부 인사나 평범한 질문에도 무슨 의미가 담겨 있는지를 반복해서 물었다.

그간 과도하게 예의를 차리던 관성에 따라 불쾌감을 최대한 눌러대는 듯했지만 소용없어 보였다.

"제 질문에 무슨 뜻이 있다고 생각하시는 것 같네요."
"네, 자꾸 돌려서 말씀하시는 것 같은데, 하실 말씀이 있으면 그냥 솔직하게 하시면 좋겠어요."

오늘따라 M에게는 상담 과정이 전혀 편안하게 느껴지지 않는 듯했다. 한편으로는 내가 빨리 자신을 안심시켜주길 바라며 아랫입술 안쪽을 잘근잘근 깨물었다.

M은 대인관계에 늘 그렇게 날이 서 있었다. 잠시 방심하고 있으면 여기서 툭, 저기서 툭 자신을 건드리는 느낌이 들어 사람들과 함께 있는 자리에서 편안히 있기가 힘들었다.

누군가와 대화를 나누면 상대가 무슨 의미로 그런 말을 하는지 끝도 없는 시나리오를 펼치고 숨은 뜻을 짐작하느라 머릿속이 녹초가 될 정도였다.

왜 굳이 나를 돌아보면서 그런 이야기를 했을까?

그런 농담을 왜 때마침 내가 도착했을 때 했을까?

방금 전 눈빛들의 의미는 뭐였을까?

중립적인 단서에도 경직된 방어막을 펼치고 아무도 예상치 못한 자기변호를 애써 늘어놓는 M은 어느샌가 사람들과 함께 있지 않을 때에도 이전의 일들을 곱씹었고, 그때마다 마음은 이리저리 널을 뛰었다.

시시각각 증식하는 가설을 일렬로 늘어놓고는, 자신의 믿음을 입증하려 불균형한 증거를 필사적으로 수집하는 확증편향確證偏向, confirmation bias의 세계에서, 각 시나리오가 실제 발생할 경우의 수를 생각하는 식이었다.

M이 애인과 싸우는 과정에도 하나의 패턴이 있었다. 즐겁게 이야기를 이어나가다 갑자기 굳은 표정으로, '방금 그 표정의 의미' 또는 '방금 그 말의 의미'가 무엇이었는지를 묻는 것이 다툼의 신호탄이었다.

이런 일이 반복되자, 애인은 M의 질문에 적극적으로 해명하기를 그만두고 점차 짜증을 내비치기 시작했다.

더 이상 자신을 안심시킬 만족스러운 답이 돌아오지 않는다는 사실을 깨달은 직후로 M은 더욱 필사적으로 항전했다. 그런

식의 항전은 애인 앞에서도, 슬픔과 분노에 차 홀로 귀가하는 M
의 머릿속에서도 반복됐다.

　'그런 뜻으로 한 말인 것을 내가 모를 줄 알고?'

　머릿속이 너무나 바쁘다 보니, 이제는 사실과 생각과 감정과
가설이 뒤엉켜 분간이 되지 않을 지경이었다.

　그런 일이 생기고 나면 오랫동안 좀처럼 자기 페이스를 찾지
못했고, 유쾌한 경험이나 생산적인 일에 접근할 기회를 자꾸 놓
치고 말았다.

자의적인 추정과
의심이 만든 퍼즐 놀이

우연히도 성모 마리아 형상으로 구워진 토스트가 미국 경매에 출품되어 2만 8,000달러(한화 약 3,500만 원)에 낙찰되었다는 일화는 우리 뇌의 독특한 특성을 반영합니다.

황금빛으로 구워진 토스트 위에서 버터와 잼이 아름답게 녹아내리는 모습을 바라보기에도 부족할 시간에, 누군가는 어쩌다 까맣게 탄 빵의 형상에 의미를 부여해 그걸 여러 사람이 참여한 경매에 내놓고, 또 누군가는 그걸 어마어마한 액수에 가져간다……. 그렇게까지 할 필요가 있나 싶은 생각도 들지만, 사람이란 원래 그렇습니다.

사람의 뇌는 논리와 규칙을 찾기 위해 동기화된 기계입

니다. 아이들도 페인트 얼룩이나 구름 모양을 보고는 의미를 읽어내려 합니다. '이건 코끼리! 저건 토끼!' 하면서요.

물론 우리가 항상 즐거운 자극만을 상상하는 건 아닙니다. 사람들의 표정과 말투가 변한다든지, 대화가 멈추거나 누군가 지루해한다든지, 모임이 일찍 끝나거나 취소된다든지 하는 아주 사소한 우연적 사건들에 기반해 우리의 부정적인 추정과 가설은 끝도 없이 펼쳐집니다.[•]

날선 방어에 급급한 사람들이 자주 겪는 문제는, 정보를 자의적으로 짜깁기하면서 생각이 갑자기 비약한다는 것입니다.

왜 갑자기 표정이 변하지? → (생각의 점프!) → 저 사람이 나를 싫어하는구나!

그런데 여기서 생각은 꼬리에 꼬리를 무는 식으로 이어지는 게 아닙니다. 가만있는 꼬리를 놔두고, 뜬금없이 또 다른 대상의 꼬리를 낚아채곤 빠른 속도로 비약하는 것이지요.

• 이때 사고의 '내용'이 문제인 경우 피해망상, 과대망상, 죄책망상, 의처증 등으로 이어지고, 사고의 '과정'이 문제인 경우 사고의 비약, 생각이 끊기고 멈추는 듯한 사고 단절, 뜬금없는 연상의 이완loosening of association, 부적절한 지리멸렬함 incorehent thoughts 등으로 발현됩니다.

지극히 중립적인 이야기에서도 부정적인 의도를 읽어내는 오귀인誤歸因, misattribution, 아무 의미 없는 우연한 사건을 놓고 자신과 관련 있는 일이라 넘겨짚는 관계사고idea of reference 역시 마음이 지쳐 있는 사람들에게서 쉽게 찾아볼 수 있는 증상입니다.

'저 사람들이 지금 나를 욕하나?'

머릿속의 가설과 사고에 바탕을 두고 일어나는 일이지만, 그 힘은 결코 약하지 않습니다. 아무런 실체도 근거도 없기 때문에 오히려 그 믿음은 신앙처럼 단단합니다.

왜 그들이 나를 싫어하는지에 대한 마땅한 증거는 하나도 없으니 주위 사람도, 임상가도, 과학자도, 그 결연한 의지를 반증할 도리가 없습니다.

* * *

머릿속 생각들이 유기적으로 얽혀 생산적인 결과물을 만들어내는 건 좋은 일입니다. 그러나 뜬금없는 의심과 추정이 자기가치감, 자존감, 효능감에 얽히고설켜 발목을 잡아채고 아래로 끌어내리는 것은 삶에 전혀 도움이 되지 않습니다.

사고의 과정과 내용에서 문제를 보이는 정신증 환자들의

의미를 찾으려 하지 말 것

경우, 복내측 전전두피질, 편도체, 뇌섬엽, 선조체 등에서 이상성이 관찰됩니다. 이 영역들은 주위 환경에서 들어온 정보를 자신과 연관지어 처리하는 자기참조self-referential 과정에 관여합니다. 여기에 이상이 생기면, 주위에서 일어나는 모든 일을 자신과 관계 있는 것처럼 느끼는 오류가 발생하는 것이지요.

그래서 정상에서 벗어난 뇌내 활동성이나 연결성은 단순히 '내 얘기를 하나?' 싶은 관계사고를 넘어선, 확고한 관계망상delusion of reference과도 유의한 관련성을 보입니다. 사람들의 움직임, 대화에서부터 물건이 고장 난 일에 이르기까지 주변의 중립적인 사건들이 자신과 관련하여 특별한 의미를 가진다고 확신하는 망상인 것입니다.

＊ ＊ ＊

더구나 여기에 해당하는 뇌의 영역들은 정서를 처리하는 역할과도 깊은 관련이 있어서, 사고가 단순히 사고에만 그치지 않고 감정적 고통감이 가중됩니다. 내면의 불안이 적절히 처리되지 못한 상태에서 고통스러운 염려와 근거 없는 분노는 점점 확대됩니다.

'저 사람이 나를 싫어하면 어쩌지?' (누군가 당신을 싫어한다 해도 대체로 뭐 아주 큰일이 일어나진 않습니다.)

'저 사람들이 내 험담을 하고 있으면 어쩌지?' (자리에 없으면 나랏님도 욕을 듣는 법인데 우리라고 안 들을까요? 별일 아닙니다.)

'애인이 나를 하찮게 여기면 어쩌지?' (……이건 헤어져야 합니다.)

선제적으로 민감하게 방어하는 사람들은 자기가 억지로 꿰어놓은 슬픈 가설이 언젠가는 그 파국의 형체를 드러낼 거라고 확신합니다. 그래서 우연히 얻은 중립적인 단서에 부아가 치밀기 시작하면, 표정이 점점 굳어지고 주위 사람들에게 세련되지 못한 말을 굳이 한마디씩 던집니다.

여러 사람이 모인 자리에서 우리가 누군가의 농담이나 대수롭지 않은 말이 거슬려, "뭐야, 나 들으라고 하는 얘기야?"라든지 "그런 말을 왜 하는데?" 따위의 분노를 좌중에 던져버리는 상황을 생각해봅시다. 삽시간에 분위기는 깨지고 참석자들은 당황합니다.

그러면 우리는 그런 불편한 상황에서 벗어나기 위해, 또 이미 뱉어놓은 분노를 정당화하기 위해 분노 게이지를 더욱 올립니다. 결과적으로, 처음에 의도했던 것보다 훨씬 더 심하게 화를 내게 되는 것이지요.

앞서 이야기한 바와 같이, 자신의 감정을 폭발적으로 드러냈을 때 경험하는 카타르시스의 긍정적인 효과에 대한 과학적 근거는 부족합니다.

우리가 분노를 표출할 때, 나의 모든 감정 반응은 분노로만 집중됩니다. 외로움, 슬픔, 묘한 안도감 같은 또 다른 감정들을 돌아볼 새가 없기에, 이 감정들이 줄 수 있었던 메시지를 스스로 수신하지 못합니다. 분노 아닌 다른 감정 경험에서 뜻밖의 통찰이나 지혜를 얻을 기회가 박탈되는 것입니다.

분노를 표출하고 상대의 화를 돋워 사회적 관계가 악화되는 경우 이것이 추후 우울로도 이어진다는 연구 결과도 있습니다.

* * *

화가 날 때 유독 잘 작동하는 '작업 기억working memory'도 문제입니다.

경험한 것을 잠시 머릿속에 저장했다가 필요한 작업을 통해 결과물을 내어놓는 이 작업 기억은 암산 문제를 푼다든지, 상대의 대화를 기억했다가 나름대로 해석하는 과정 등 일상의 모든 순간에서 흔히 발휘됩니다.

연구에 따르면, 사람들은 부정적인 정서를 표현할 때 이 작업 기억을 더 잘 유지합니다. 그래서 분노에 취해 있는 사람은 방금 그 상황에서 빠져나오기가 어렵습니다. 다른 사람들은 떠들썩하고 유쾌한 상황에 휩쓸려 조금 전의 기억을 잊었지만, 이미 화가 난 당신만은 그때의 분위기와 대화 내용, 표정을 일일이 기억해뒀다가 격노의 재료로 사용합니다.

마땅히 흘려보내야 할 정보들을 혼자서 손에 꽉 쥔 채 계속 분노에 차 있다면, 그 손이 당장 다른 곳에 필요할 때 우두커니 주먹만 쥐고 서 있어야 하겠지요.

당신의 정서적·인지적 에너지는 한정적인데 여전히 실망하고 화내는 데 에너지를 쏟고 있으니 말입니다.

넘겨짚는 버릇과 과거의 기억, 부정적인 감정이 멋대로 뛰어드는 비이성적이고 비합리적이며 불필요한 퍼즐 놀이를 하고 있다면, 그 상태를 있는 그대로 잠시 바라보다가 이어 단호히 거리를 두어야 합니다. 뇌내 전기-화학적 신호들이 사고와 정서와 자기개념 영역 이곳저곳을 다니며 제멋대로 연결짓도록 놔두지 마세요.

당신은 원래 그만큼 화가 나 있지도 않았고, 사람들은 원래 당신에게 그런 뜻으로 말하지도 않았으니까요.

그러니 나의 존재나 가치감을 누군가 건드린 것 같아 불

쾌한 짜증이 치밀어 오를 때면 '아, 나 또 이러고 있네' 하며
세상 냉정하게 자신을 바라봐야 합니다.

그 정도 아니에요.
설령 누군가 악의를 가지고 빈정거리더라도 그런 이야기
들로 당신의 가치가 훼손될 수 없음을, 나 자신과 타인에게
분명히 알리세요. 그 무례에 기꺼이 휘말려 들지 마세요.

나의 버튼이 눌리는 지점

많은 심리학 관련 서적들에는 자아를 보호하기 위해 비의식적이며 자동적으로 작동하는 방어기제defense mechanisms에 대한 이야기가 자주 등장합니다.

방어적 태도의 예로 자신의 무의식적 감정과 욕망이 타인의 것인 듯 마음을 위장하는 '투사'가 있습니다. 후배의 일거수일투족이 미워 보이지만 차마 그렇게 말할 수는 없어, "후배가 나를 미워하는 것 같다"며 주위 사람들에게 억울감을 호소해 자신의 악의를 숨기는 식입니다.

자신의 무의식적 감정과 욕망을 그대로 표현할 수는 없으니, 대신 방향을 틀어 그나마 사회적으로 수용 가능한 대상에게 표현하는 '전치' 혹은 '전위displacement'도 흔히 사용되는 방어기제입니다. 권위적 인물에 대한 분노가 들끓어도 그 사람 앞에서는 일절 그런 표현을 하지 못한 채 숨죽이고 있다가, 주변의 만만하거나 취약한 사람에게 트집을 잡아 화를 표출하거나 애꿎은 물건을 부수는 등 화풀이를 하는 것이 전치의 전형적인 사례입니다.

자신이 주로 어떤 종류의 방어기제를 습관적으로 사용하는지 살피는 일은 매우 중요합니다. 그러나 방어의 '종류'에만 몰두하다 보면 정말 중요한 이야기를 놓치게 됩니다. 그래서 이런 질문을 해볼까 합니다.

당신은 언제 유독 방어기제를 펼치나요?

우리가 일상생활의 모든 순간에 방어를 취하지는 않습니다. 습관적으로 방어막을 펼치겠지만, 분명 결정적인 순간들이 있습니다.

위 질문이 어렵다면 이렇게 묻는 것이 좋겠습니다.

당신은 언제 자꾸만 정색을 하거나 분개하게 되나요?

당신은 어떤 사람과 있을 때에, 어느 순간에, (사실 그냥 웃어넘길 수 있는 일이었음에도) 공격받았다는 느낌으로 마음이 불편해지고 수치심에 날을 세우나요?

＊ ＊ ＊

누구에게나 '버튼이 눌리는' 지점이 있습니다.

외모나 직업, 학력에 대한 열등감, 순탄치 못했던 개인사와 가족 이야기, 열심히 노력한 과정이나 호의가 무시되거나 정당한 호응을 얻지 못하는 것, 그리고 나 혹은 자녀의 미약한 성취 등 누구에게도 드러내고 싶지 않은 취약한 지점이 우연히 건드려지면, 남들은 그냥 넘겼을 법한 일에도 '끼-익!' 하는 굉음을 내며 이성은 그 지점에 멈춰버립니다.

이렇게 갑자기 버튼이 눌리면 "빙 돌리지 말고 할 말 있으면 해봐!" 외치며 뜬금없이 홀로 분개하기도 하고, 시시껄렁한 이야기를 나누며 한참 웃고 떠들던 단체 채팅방을 느닷없이 나와버리기도 합니다.

미성숙한 일격을 가해놓고는 갑자기 자신의 평판이 신경 쓰인다거나 스스로 생각해봐도 자신의 행동이 치사하게 느껴지면, 또 어떻게든 다른 트집을 잡아서 분노를 이어갑니다. 그렇게라도 해서 이미 오래전부터 상처투성이였던 자존감을 지켜내려고 하는 것입니다.

사람들의 버튼은 저마다 다른 상황에서 작동합니다. 하지만 버튼 발생의 원인은 연구를 통해 비교적 명료히 밝혀졌습니다. 배반당한 경험, 가족 내의 정서적 학대, 또래 사이의 집단 따돌림 같은 외상적 경험은 이런 버튼을 수없이 잘도 만들어냅니다. 나의 외모, 성격, 행동, 능력, 심지어 나의 존재와 관련해 무시당하거나 거부되고 비난받던 시절에 경험한 수치심과 죄책감, 고립감의 그림자는 너무나 깊기 때문입니다.

그렇게 바닥까지 끌어내려진 우리는, 미묘한 단서에도 부지런히 대응하려고 힘껏 노력합니다. 날카로운 창을 들고 경계를 섭니다. '그때처럼 당하고만 있진 않을 거야. 나는 예전보다 훨씬 나아졌으니까!' 하며.

그러나 그것으로는, 더 나아졌다고 보기 어렵습니다. 심리적으로는 그 자리에 그대로 머물러 있는 것으로밖에 보이지 않습니다.

* * *

이런 말이 어떻게 들릴지 모르겠지만, 외상적 경험은 참 흔합니다. 2,064명의 아동을 대상으로 한 장기 추적연구에서 세 명 중 한 명 꼴인 642명(31.1퍼센트)이 외상적 경험을 보고했는데, 이 사실에 크게 놀란 임상가는 없었을 겁니다.

이 정도 비율이라면, 내 친구가 현재 정신건강 문제를 보이지 않는다고 해서 그에게 외상적 경험이 없으리라 추측하는 것이 무례한 짐작일 수 있습니다. 그 친구는 외상적 사건의 생존자이면서도 다만 자신의 버튼이 어디에 뿌리를 두고 있는지 알고 있는 사람일 수 있습니다.

버튼의 기원을 알면 이 버튼이 어떻게 작동하고 비활성화하는지도 알게 됩니다. 일상에서의 대처는 좀 더 지혜로워지고 자연스러워집니다. 자신의 감정이 어떤 경우에 취약해지는지 알고 있어 괴상한 선택을 하지 않을 수 있습니다.

저에게도 여러 가지 버튼이 있습니다. 각 버튼의 종류를 알게 된 후로 어떤 버튼은 나만 볼 수 있을 만큼 아주 작게 만들어두었지만, 어떤 버튼은 아무나 누를 수 있을 만큼 아주 크게 만들어두기도 했습니다. '뭐 어쩌라고'의 마음가짐으로요.

그래서 강의 시간 중에도 제가 가진 우울감과 불안감을 편안히 드러냅니다. 그런 감정을 과시해서 다른 사람들로 하여금 나를 보살피게 하려는 의도가 아닙니다. 더는 제가 가진 취약점이나 수치심을 주위 사람들이 눈치채지 못하도록 은폐하려 애쓰지 않겠다고 스스로 결정했기 때문입니다. 제가 의도적으로 선별해 만든 큰 버튼은 이제 누가 눌러도 상관없습니다.

의미를 찾으려 하지 말 것

자기 자신을 보호하려고 애쓰기 시작하는 그 결정적인 순간을 경계해야 합니다. 스스로를 위로하고 보호하기 위한 노력을 해야 하는 것은 맞지만, 어느 순간 악착같이 애를 쓰고 있어야만 자신이 보호되는 상태라면 뭔가 단단히 잘못된 것입니다.

모욕당하거나 폄하되지 않으려 부단히 애쓰는 사람을 지켜보고 있노라면 누구나 금세 부적절감과 불편감을 느낍니다. 역설적이게도, 그렇게 번번이 애를 쓰는 사람일수록 주변의 이런 불편감을 즉각적으로 감지해내고는 '이 분위기 뭐야? 나에게 왜들 이래?' 하며 다시 이차적으로 분노하게 됩니다.

예를 들어 가족과 괜찮은 시간을 보내고 있을 때,

나를 향한 형제자매의 농담에 갑자기 소소하게 분노가 치밀어 오름

→ 다른 가족이 그런 나의 반응에 핀잔을 주거나 비난함

→ 다른 가족들에게까지 분노가 번짐

과 같은 패턴입니다.

* * *

뜬금없게 들릴 수 있지만, 이 지점에서 '귤'을 한번 떠올려봅시다. 당신은 귤을 얼마나 좋아하나요?

누군가는 귤을 아주 좋아한다고, 누군가는 귤이 별로라고 대답할 것입니다. 귤을 좋아하는 사람도 한겨울에 귤 대신 문득 딸기가 먹고 싶어질 때가 있겠지요. 그렇지만 그 사람은 여전히 '대충' 귤을 좋아하는 사람입니다. 반면 귤을 별로 좋아하지 않는 사람이라도 어느 날 문득 귤이 맛있게 느껴질 수 있습니다. 그러나 평소에 귤을 '그다지' 좋아하지 않는 사람인 것만은 확실합니다.

귤을 얼마나 좋아하느냐는 물음에, 늘 100퍼센트로 좋아하거나 100퍼센트로 싫어해야만 답을 할 수 있는 걸까요? 귤에 대한 개인의 선호는 변동성이 있는 동시에 대략적인 경향성도 띱니다. 하물며 사람에 대해서는 어떨까요?

결국 호오好惡와 신뢰는 '정도의 문제'입니다.

누군가 나를 매일매일 100퍼센트 좋아해줄 필요도 없고 나 역시 누군가를 매일매일 100퍼센트 신뢰할 만한 사람으로 생각할 필요도 없습니다.

그럴 필요가 있다고 주장한다면 그건 실현 불가능한 판

의미를 찾으려 하지 말 것

타지입니다. 내가 그 사람을 그럭저럭 좋아하는지, 그 사람은 나를 그럭저럭 좋아하는지, 그것만 생각하면 됩니다. 나와 함께 있는 사람들은 그저 '충분히 믿을 만하면' 됩니다.

* * *

어느 날은 실제로 상대가 나에게 지나친 농담이나 비판을 할수도 있습니다. 그렇지만 분개의 버튼이 눌리기 시작할 때, 우리는 최대한 빨리 상대와의 관계와 역사를 돌아봐야 합니다.

> 저 사람은 나를 '그럭저럭' 좋아해왔다.
> 혹은 '대체로' 나를 아껴왔던 사람이다.
> 혹은 저 사람의 저런 이야기는 보통 별 의미가 없다.

애인과 자존심 문제로 분노의 버튼이 눌렸을 때에도, 상대가 그간 보인 태도를 재빨리 기억해내야 합니다. '저 사람은 나를 좋아하고, 나도 저 사람을 좋아한다. 그동안의 역사를 돌아볼 때, 앞으로도 나의 곤경을 기꺼이 함께 헤쳐나갈 사람임을 충분히 봐왔다.'

그렇다면 상대가 지금까지 주었던 긍정의 메시지를 기억하며 현재의 즐거운 혹은 중립적인 관계에 다시 편안하게 안

착해야 합니다.

이러다 보면 내가 느끼는 분노의 일부분이 나의 과거 문제에서 일부분 기인했음을 차차 깨닫게 될 것입니다. 그러니까, 지금의 내 감정은 단순히 현재의 사건이나 눈앞에 마주한 사람 때문이 아닐 수도 있다는 얘기입니다.

때론 해당 버튼을 제작한 그 책임자에게 맞서기도 해야 합니다. 나를 학대해온 사람들에게 용감히 맞서는 심상을 훈련하고, 가해자에게 나의 정당한 분노를 말하고,* 또 나를 다시금 재양육하면 좋겠습니다. 문제의 우선순위가 무엇인지, 어떤 것이 나에게 맞는 방법인지 알기 어렵다면 초반 방향 설정은 심리치료 장면에서 임상심리 전문가 혹은 정신건강의학과 전문의의 지도를 받아 함께 진행하길 권유합니다.

어떻게든 이 큰 관계와 역동에 대한 통찰이 시작되어야, 당신은 과거의 비참했던 감정에서 점점 자유로워질 수 있습

---

* 직접 이야기를 하는 것이 가능하고 나의 감정을 정리하는 데에도 효과적이라는 확신이 있다면 대면하여 나의 정당한 분노를 말해도 좋습니다. 이때 전제조건은 '상대의 반응과는 상관없이'입니다. 상대가 미안하다고 하건, 비웃건, 내 말을 듣지 않건 간에 상대의 반응과는 상관없이 단 한 번이라도 나의 분노를 나의 언어로 직접 이야기하는 것이 우선 과제여야 합니다. 상대의 사과를 꼭 받아내는 것을 목적으로 하는 건 추천하지 않습니다. 당신은 그저 상대의 세계에 균열을 일으키고 돌아오세요. 그 이후는 그 사람 몫으로 두세요. 그저 당신 자신의 삶 안으로 들어오세요.

니다.

타인이 아닌 자기 자신에 대해 정색하는 법을 배울 차례입니다. '아니 내가 또……?'

지금은 그렇게까지 뾰족하게 있을 필요 없어요.

당신은 정말 잘 살아왔고, 아직은 다 괜찮습니다.

오늘의 숙제는 이렇습니다

누구도 건드리지 말아야 했던 당신의 버튼은 무엇인지 차근차근 생각해 볼 것.

이렇게 사는 게 무슨 의미가 있을까요?

우울감과 삶의 의미

"제 삶에 특별한 의미가 없다면 그냥 제가 없어도 되는 거잖아요. 제일 좋은 방법은 제가 인도를 걷다 자동차가 저를 덮쳐서 바로 죽는 건데, 그래서 저는 뉴스에서 사고로 누가 죽었다는 얘기가 나오면 이상한 희망 같은 것도 느끼고 그러다 죄책감도 느끼고……. 아무튼 마음이 복잡해요."

오늘은 점심으로 라면을 맛있게 먹었는데요, 하는 담담한 말투로 죽음에 대해 이야기하는 T는 '자신의 우울이 진짜 우울인지'에 대한 확신이 없어 일단 상담이나 받아보자는 마음으로 찾아왔다고 했다.

'자신의 의지가 개입되지 않은 우연한 죽음'을 원하는 수동적인 자살 사고passive suicidal ideation는 만성적으로 무기력해져 있는 내담자들에게서 흔히 보이는데, T 역시 능동적인 자살 계획이나 시도를 하기엔 겁이 많았고, 그런 생각이 들 때마다 신앙인으로서 죄책감도 크다는 말을 덧붙이며 자신의 이 상황이 어처구니없다는 듯 웃었다.

T의 생애에서 첫 기억은, 아빠와의 불화로 어떤 생의 활력도 없어 보였던 엄마가 그 우울한 표정과 말투로 자신을 부른 일이었다. 엄마의 그림자는 T의 유년 시절부터 지금까지 너무 짙고 크게 드리워져 있었다.

사실 T는 중학교 졸업 무렵부터 자신이 왜 살아야 하는지에 대한 질문에 뾰족한 답이 없음을 깨달았다. 의미라곤 하나 없는 삶을 지속하는 게 도대체 무슨 의미가 있는지를 고민하는 것이 그다음 단계였다.

때로는 놀이터 기구 꼭대기에 올라앉아 있다가 여기서 떨어지면 목이 부러져 죽을 수 있을지, 아니면 그냥 많이 아프기만 할지를 생각하기도 했다. 만일 그렇게라도 죽게 되면 나의 세계에 종말이 오는 것인데, 그게 다른 이들에게 딱히 무슨 의미가 있을지에 대해서도 고민했다. 장례식에 사람들이 많이 오지 않을 텐데, 몇 살쯤에 죽어야 그나마 손님들이 많이 올까 하는 생각을 했던 기억도 또렷하다고 했다.

큰 노력 없이도 성적이 곧잘 나왔던 초등학교, 중학교 때와는 달리 고등학교에 들어서면서 T의 성적은 곤두박질쳤다. 고3이 끝날 무렵, 가고 싶은 학과를 다소 뒤늦게 정하면서 재수를 결심했다. 이후 결국 원하던 학과에 진학하게 됐지만 그렇다고 삶이 크게 바뀌진 않았다.

"재수할 땐 정말 심각하게 우울했어요. 여름쯤 되어서는 재수 학원 화장실에 숨어서 울다가 나중에는 독서실 책상에 앉은 채로 울면서 공부했어요. 너무 무섭고…… 형편이 그렇게 넉넉하지도 않은데 내가 공부를 한다고 우리 집이 뭐가 달라지나 싶고…….

그래도 대학 생활은 또 재미있긴 했어요. 교수님들도 다 좋았고 친구들도 다들 착하고 친절했는데, 사실 그 친구들이 누구에게나 잘해주는 것이지 딱히 나여서 잘해준 건 아니고……. 뭔지 아시죠?"

힘들다는 대학원 생활이 엄두가 나질 않았고 학자금 대출 문제도 있어 애초에 바라던 대로 대학원까지 진학하진 못했지만, 그나마 취업 전쟁 끝에 전공과 유사한 분야에서 그리 나쁘지 않은 월급을 받으며 직장 생활을 시작했다.

집에 돌아가면 인터넷 커뮤니티들을 훑어보며 '사회적인 이슈도 찾아보고, 빵 터지는 짤방도 보면서 랜선 친구들과 공유하다 보면' 하루하루 시간은 잘도 갔다. 그래도 삶에 의미가 없다는 고요하고 오래된 생각에는 변함이 없었다.

꾸준히 연락하는 몇몇 친구와 가끔 모여 시답잖은 농담을 나누며 흥이 올랐다가도 내가 지금 이 자리에 있지 않아도 이 친구들은 잘 지낼 것이라는 생각, 앞으로 딱히 나아질 것 없이 고만고만한 삶을 살 것이라는 생각, 문득 내가 너무 오래 살아버린 것은 아닐까 하는 생각에 다시 저 모퉁이를 막 돌아서려는 우울과 자살 사고를 다시 붙잡길 반복했다.

'이렇게 사는 게 과연 무슨 의미가 있을까?'

'왜'가 아닌 '어떻게'

우울은 어느 날 갑자기 찾아오기보다 습자지에 물이 스미듯 야금야금 번집니다. 어느 날 이대로는 안 되겠다는 생각이 드는 것은 자주 이상한 생각에 꽂혀 있는 자신을 문득 발견하면서부터입니다.

어느 순간 삶을 에워싼 모든 일이 나의 우울과 관련 있는 것처럼 보이고, 이 우울은 나의 유전자에 새겨져 있는 것 같습니다.

삶의 의미는 진작부터 찾기 어려웠고, 나의 우울이 가족에게 큰 짐으로 느껴질까 싶어 죄책감은 커집니다. 환경은 그럭저럭 괜찮은 편이었는데도 이 지경까지 온 걸 보면 우울이나 자살의 씨앗이 발현되는 운명을 타고난 것도 같습니다.

지금까지 삶의 궤적을 돌이켜보면 앞으로 내가 행복해질 가능성은 희박해 보이고, 앞으로도 여전히 인생에서 별다른 의미를 찾기란 어려워 보입니다.

그러나 이 모든 생각의 패턴은 전형적인 우울의 증상입니다. 우울한 운명을 타고났다는 믿음이나 삶에 아무 의미가 없다고 느끼는 것, 끝이 보이지 않는 터널에 갇힌 느낌, 행복한 삶에 대한 갈망.

이런 우울의 증상들은 뇌에 흔적을 남깁니다.

2020년 기준으로 세계 각국의 연구자들에 의해 1,600회 가까이 피인용된 2004년의 뇌 영상 메타연구에 따르면, 12개의 연구 과정에서 수집된 351명의 우울 환자 데이터를 분석한 결과, 기억과 정서 처리를 담당하는 양쪽 해마hippocampus의 부피가 현저히 줄어든 것을 확인할 수 있었습니다.

더 정확히는, 우울 환자의 우측 해마 부피의 10퍼센트, 좌측 해마 부피의 8퍼센트가 감소한 것으로 나타났습니다. 어머니에게서 우울증이 확인된, 그래서 유전적으로나 환경적으로 우울증 고위험군으로 분류되는 자녀의 해마 부피가 현저히 줄어들어 있다는 연구도 있었습니다.

특히 우울 환자의 우측 해마 부피는 살면서 경험해온 우울 에피소드의 개수와 관련성을 보였습니다. 우울이 재발할수록 해마의 부피가 감소하는 패턴은 이미 그 전부터 여러 연구에서 입증되어왔고요.

* * *

이후 2008년, 2011년, 2017년에 발표된 다른 메타연구들도 우울장애 환자의 해마뿐 아니라 편도체 및 전전두엽prefrontal lobe 부피 감소를 여러 차례 검증했습니다.

그 내용을 보면, 편도체의 부피가 작을수록(구조적 이상성) 정서적 자극에 과잉 반응하는 패턴이 관찰되는데(기능적 이상성), 이런 구조 및 기능의 이상성은 다양한 주요 우울장애 메타연구들에서도 자주 확인됩니다.

연구 결과상, 아무리 좋은 기억을 끌어다 붙여 현재 경험하는 부정적인 감정을 다스리도록 해도 편도체의 과잉 활성화는 좀처럼 사그라들지 않았습니다. 이런 양상은 부모가 우울증을 갖고 있어 유전적으로 우울 증상이 반복될 소지가 높은 고위험군 자녀에게서도 확인됩니다.

편도체의 부피가 줄어든 사람들이 보이는 문제행동 가운데 주목할 만한 것이 있습니다. 바로 'SNS 중독'입니다.

의미를 찾으려 하지 말 것

외부 자극에 충동적으로 과도하게 반응하는 편도체를 가진 개인은 SNS에서 즉각적으로 확인되는 다양한 자극에 쉽게 마음을 빼앗깁니다. 그리고 이런 SNS 사용은 다시금 우울감을 높이는 데 크게 기여합니다. SNS를 통해 나보다 상황이 나아 보이는 상대와 나를 끊임없이 비교하는 상향 사회적 비교upward social comparison를 하고는 스스로를 초라하게 느끼기 때문인 것으로 생각됩니다.

실제로 최근 메타연구에 따르면, 우울감은 SNS를 확인하는 빈도나 SNS 사용 시간과도 관련이 있었지만, 그보다는 SNS에서 사회적 비교를 얼마나 하는지가 우울감과 강하게 관련되어 있었습니다. SNS를 통해 접하는 타인의 삶은 더 유쾌해 보이고, 행복해 보이고, 가치 있어 보이고, 의미 있어 보입니다.

앞이마 바로 안쪽, 전두엽 앞부분에 있는 전전두엽은 우울 연구와 자살 연구에서 흔히 언급됩니다. 전전두엽의 부피 감소는 우울 환자뿐 아니라 자살을 시도한 바 있는 자살 고위험군*에게서도 두드러지는 이상 패턴입니다. 우울감이라

---

* 우울한 사람이 자살을 기도했다면 일곱 명 중 한 명은 1년 이내에 다시 자살을 시도하고, 열 명 중 한 명은 5일 이내에 다시 자살을 시도합니다. 즉, 자살을 시도했던 사람은 다시 자살 고위험군으로 분류됩니다.

는 변인을 통계적으로 들어낸 이후에도 이 영역의 부피 감소는 자살 시도력이 있는 환자들에게서 여전히 두드러지는 특징이었습니다.

전전두엽은 맥락을 추론하고, 불필요한 행동을 억제하고, 해야 할 행동을 개시하고, 미래를 계획하는 등의 고등한 기능을 맡습니다. 고차원적 인지기능을 담당하는 전전두엽의 하드웨어 자체(전전두엽 부피)가 줄어든 경우, 더 효과적이지만 더 오래 공을 들여야 하는 문제 해결 방법을 선택할 가능성은 낮습니다. 그저 뒷일은 고려하지 않은 채 현재 상황을 빠르게 타개하기 위한 대처 방법을 충동적으로 선택할 뿐이지요. 할 일을 뒤로 미루거나 폭식 혹은 폭음을 하거나, 자살 시도를 하는 등의 대처가 대표적입니다.

* * *

우울이나 자살 시도가 뇌에 상흔을 남긴다는 것은 어찌 보면 마주하기 고통스러운 사실일지 모릅니다. 한번 우울해졌다면 자살을 생각하기 시작하고, 자살 시도를 했다면 '이제 돌이킬 수 없는 게 아닐까' '그 흔적을 덮어버릴 만한, 인생의 큰 의미를 찾아야 하는 건 아닐까' 하는 생각이 들지도 모릅니다.

그러나 이것은 어디까지나 과학의 영역에서 건조하게 바

라보아야 합니다. 흔적을 옅게 하는 방법을 찾는 일 역시 과학의 영역이었으며, 많은 연구자들은 전전두엽과 편도체와 해마의 부피를 증가시키거나 해당 영역의 활동성을 높이는 요인들을 탐색해왔습니다.

그 요인들은 다음과 같습니다.

- 규칙적인 운동
- 꾸준한 공부
- 항우울제 복용
- 그리고 과학적 근거에 기반한 제대로 된 심리치료

다 아는 이야기이고, 누군가에겐 어렵지 않아 보일 수도 있습니다. 그러나 우울의 터널을 한참 지나고 있는 분들에게는 아예 평생 해내지 못할 일만 나열해둔 것 같습니다.

압도적인 무력감과 무망감을 겪고 있는 우울한 사람들에게는 스스로가 빨려 들어가고 있는, 도대체 그 깊이를 모르겠는 어둠이 그 자체로 살아 움직이는 것만 같습니다. 현실감이 없어질 정도의 두려움이 엄습하는 날이면, 원치 않게 탑승한 자이로드롭처럼 내가 딛고 서 있는 발판이 무서운 속도로 추락하는 느낌도 듭니다.

현실과 생각의 경계도 모호한 이들에게, 아침에 눈뜨면 '왜 아직도 죽지 않았지?'를 제일 먼저 떠올리는 이들에게, 최소 몇 주씩은 노력을 해야 희미한 성과가 하나 보일까 말까 하는 일에 사력을 다해 공들이는 과정은 정말 너무나 어려운 일입니다. 저도 알고 있습니다.

　　그래도 반드시 해야 합니다.
　　'왜 해야 하지? 이 사람은 왜 나더러 살라고 하지?'를 고민하지 마세요. 그보다는 '어떻게 해야 하지?'가 맞는 질문입니다.

- 규칙적인 운동을 어떻게 해야 하지?
- 앞으로 꾸준히 공부하려면, 무엇부터 해야 하지?
- 항우울제 복용은 어떤 병원에서 시작하지?
- 심리치료는 누구에게, 어디에서, 어떻게 받아보지?

＊ ＊ ＊

　　우울이 우리의 어깨를 붙잡고 내리누르기 시작하면, 단순하거나 중립적인 사건에도 회의감이 고개를 쳐들고 우리는 자꾸만 '왜?'를 고민하게 됩니다.

　　　　　　　　　　　　의미를 찾으려 하지 말 것

'왜 나를 싫어하지?'

'왜 내가 살아야 하지?'

'왜 죽으면 안 되지?'

그러는 사이에 우울한 삽화들은 자꾸만 가용한 뇌의 하드웨어를 잠식하고, 하드웨어의 기능은 실제로 자꾸 떨어지며, 오류는 더욱 빈번해집니다.

'왜?'가 어디 있어요. 그냥 하는 겁니다.

나 말고는 다들 되게 생각 있어 보이고 의미 있는 삶을 살아가는 것 같지만 사실 그렇지 않습니다. 삶에 뭔가 큰 의미가 있어야 한다는 믿음은, 누군가의 삶에 도움이 되는 기능적 요소라기보다는 상처 입고 고단했던 자기애가 남긴 하나의 증상 같은 것입니다.

삶에 큰 의미가 있을 필요가 없습니다. 살아 있는 것 자체가 의미입니다. 그것으로 당신은 다 한 겁니다. 살아 있는 부모, 살아 있는 친구, 살아 있는 자식, 살아 있는 나, 그거면 됐습니다.

그냥 하루하루 수습하면서 살다가 문득 행복하다 느끼는 순간이 잦아지고, 또 그다음엔 남에게 기여도 좀 하고요.

시간이 지나 그렇게 쌓인 일상이, 의미라면 의미겠지요.

다만 지금은 무슨 방법을 써서라도, 주먹을 딱 두 개 쥔 만큼의 크기로 지금까지 나를 버티게 해준 나의 기특한 뇌를 보살펴야 합니다. 운동, 공부, 심리치료와 약물 복용* 등등 그게 무엇이든 간에 과학적 근거가 충분하다면 가용한 옵션을 최대한 확보해봅시다.

돈을 쓰는 것도 좋습니다.

실제로 농반 진반으로, 학생들에게도 내담자들에게도 "돈이 최고입니다, 여러분!" 하며 여러 설득을 합니다. 돈이 있다면 우리는, 구멍 난 스타킹이나 솔기 뜯긴 슬리퍼를 기꺼이 버릴 수 있고,

커튼 디자인을 바꿀 수도 있고,

---

* 때때로 '심리치료를 받거나 항우울제를 복용해도 뇌 구조나 기능이 변하지 않으면 어쩌냐'고 묻는 이들이 있습니다. 그런 경우도 있긴 합니다. 그래서 최근 많은 연구자들은 기계 학습machine learning을 활용해, 환자 개인의 뇌 특성에 비추어 특정 치료의 개입이 성공할지 실패할지를 예측하는 방법을 모색하고도 있습니다. 그러나 안타깝게도 이런 연구들이 발표될 때마다 '우울한 뇌' '자살 유전자'같이 비관적이고 자극적인 단어들이 뉴스 기사에 사용됩니다. 과학은 뇌의 우울한 운명을 판단하려는 것이 아닙니다. 특정 치료가 개인에게 잘 맞지 않을 확률에 대한 의사결정을 재빨리 하고 차선책을 모색하기 위해 노력할 뿐입니다. 오랜 고통감에서 벗어나고자 이제 막 한발 내디뎌 전문기관을 찾은 분들이 가능한 한 가장 효과적인 치료법에 접근할 수 있도록 지금까지의 연구를 폭넓게 활용하려는 것입니다.

의미를 찾으려 하지 말 것

친구에게 커피 한잔 사줄 수도 있고,
커피에도 여러 맛이 있다는 것을 알게 될 테고,
내 취향에 맞는 맥주와 아이스크림을 알게 될 테고,
내 발에 정말 편한 신발을 찾아낼 수도 있을 테고,
그렇게 우리는 좀 더 멀리 갈 수 있으니까요.

* * *

그러니 기억해야 합니다. 분명 우울은 뇌에 흔적을 남깁니다. 그러나 그 흔적도 언젠가는 어떻게든 옅어집니다.

굳이 흔적을 의식하면서 내 삶의 의미를 찾으려 하지 마세요. 평판이나 성취, 또는 어떤 대상 역시 내 삶의 의미여선 안 됩니다.

'어떻게'에만 집중하세요.
어떻게 일할지, 어떻게 놀지, 어떻게 사랑할지.
우리는 의미 없는 삶을 살아도 괜찮습니다.
뭐 어때요. 하루가 재미있으면 좋고, 아니면 또 마는 겁니다. 돈도 좀 써보고요.

우리는 아직 죽을 때가 아닙니다.

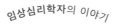

당신의 우울은 어떤 종류인가요?

'의미 있는 삶'이나 '행복한 인생'이라는 프레임은 우리를 정서적으로 피로하게 합니다. "네 삶에는 무슨 의미가 있어?" "넌 행복해?" 같은 질문들은 멀쩡히 잘 지내던 우리를 갑자기 불행하게 만듭니다.

　잘 살고 있었는데 갑자기 삶에 의미가 있어야 할 것만 같고, 나는 행복하지 않은데 왜 노력하고 있지 않은지 초조해지고, 심지어 우리 가족은 아직 불행한데 내가 행복해도 되나 싶은 생각에 죄책감마저 듭니다.

　연구로도 밝혀졌지만, 우울한 사람의 시간은 느리게 흐르며 심지어 멈춘 것처럼 느껴져서 평생 의미 없는 시간이 이렇게 더디 갈 것이 공포스러워집니다. 이것이 죽음에 대한 생각으로도 이어지고요.

이럴 때, 우리가 취해야 할 자세는 무엇일까요?

* * *

최근의 치료 트렌드는 '우울에 맞서 당당히 싸우겠다!'가 아니라 '어, 왔어?'에 가깝습니다.

우울을 환영하라는 뜻은 아닙니다. 그런 쓸데없는 정신승리가 어디 있겠어요. 우울은 환영할 만한 존재가 못 되며 가능하다면 겪지 않는 편이 낫습니다. 그러나 그 우울에게, '내가 너를 인지하고 있음'을 알려줘야 합니다.

일이나 사랑의 실패라든지, 내 의지와 상관없이 타고난 기질적 특성 때문에 우울은 찾아옵니다. 그럴 때 '어, 왔어?' 하는 수용과 승인은, 나를 우울의 피해자가 아닌 우울을 맞아들이는 주체적인 집주인 모드로 준비시킵니다.

네, 당신에게도 우울이 찾아온 것입니다.

우울을 맞아들이면서 당신은 다음 두 가지를 함께 궁리해야 합니다.

- 우울의 원인을 탐색하기
- 나의 기분을 좋게 할 것을 찾기

천천히 노력을 기울여 우울을 살피는 작업은 그 자체만으로도 우울을 다루는 기술이 됩니다. 그때 우울은 좀 더 그럴듯하고, 더 작고, 더 약하고, 덜 뾰족하고, 덜 당혹스러운 양식으로 바뀔 수 있습니다.

한번 생각해봅시다. 당신을 우울하고 낙담하게 만드는 그 문제들은,

만성적인가요, 급성적인가요?

명료한가요, 모호한가요?

선천적인 문제인가요, 좌절스러운 환경 때문인가요?

우울이 어떻게 당신을 찾아왔는지도 참 중요한 문제입니다.

'하필이면 왜 지금 나에게 우울이 찾아온 걸까?'

'이 우울은 왜 나를 떠나지 못할까?'

'실제로 우울해할 일이 발생했다 쳐도, 나는 왜 우울이 나를 함부로 대하도록 내버려둘까?'

'나는 왜 의미 있는 삶, 행복한 삶에 집착하게 되었을까?'

이런 질문들을 던지며, 우울의 원인과 정체를 직면해야 합니다.

대개는 당신이 문제를 보지 않으려 회피하거나 억압하는 사이, 문간에서 우물쭈물하던 우울이 당신의 침대까지 올라오기 때문입니다.

그리고 이런 노력은, 우울이라는 썩 내키지 않는 손님이 '자기가 알아서 와야 될 때와 오면 안 될 때를 적당히 눈치봐가며' 나를 방문하게 될 때까지, 아프지만 꾸준히 지속되어야 합니다.

원인을 비교적 명확하게 확인하고 직면하게 되면, 관성에 기반한 마음의 습관을 멈출 지점도 눈에 보입니다.

'아냐, 지금은 우울할 수도 있는데 그렇다고 꼭 우울해야 하는 건 아니야.'
'아냐, 내가 죽고 싶다는 생각이 들긴 하는데 꼭 지금 죽고 싶은 건 아니야.'
'이건 마음의 습관이 하는 일, 마음이 본심을 가장하는 일이야.'

* * *

다만 이런 주제에 너무 오랜 시간 천착하면 더 우울해질 수 있습니다. 짧은 시간에 집중력 있고 단호하게, 앞선 질문들에 대한 답을 탐색해야 합니다.

특히 우울한 사람들은 어느 날 문득 '어, 내가 왜 잘 지내고 있지? 내가 왜 웃고 있고 있지? 내가 왜 내일을 기대하지?' 하는 생각에 죄책감이 들고 자신의 우울이 가짜인 것처럼 느껴집니다. 실은 나는 그렇게까지 우울하지 않은데도 사람들로부터 지지와 관심을 받으려고, 또는 의무나 비판을 회피하려고 우울을 핑계 삼는 것은 아닐지 자기회의감에 휩싸입니다.

문제는, 그러면서 스스로 어떻게 우울해야 진짜 우울일지에 몰두하며 더 깊은 우울로 들어선다는 겁니다. 그러나 우울의 진정성에 대한 의심 역시 우울의 한 증상입니다.

나의 우울이 진짜인지 가짜인지 변별하려고 드는 것은 '어떻게 살아가지?'가 '왜 살지?'로 전환되는 것과 깊은 관련이 있습니다.

'어떻게'에 집중할 때 삶은 조금 재미있어질 수 있고 그만큼 죽음에 대한 생각에서도 멀어집니다. 하지만 '왜' 살아야 하는지에 다시 꽂히는 순간 우리는 뭔가 삶의 의미가 꼭 있어야만 할 것 같고, 그럭저럭 살고 있는 자신이 가증스럽고 가식적으로 느껴집니다.

의미를 찾으려 하지 말 것

'행복하지 않고, 가치도 없는 삶을 살아가고 있다니 정말이지 하찮고 비참하고 최악이다.'

'그런 일이 있었는데도 행복하다는 듯 살고 있다니, 위선적이다.'

이런 생각에 익숙한 분들이 제게 가장 흔하게 묻는 질문은 이것입니다.

"제가 정말 몰라서 그러는데요, 제가 왜 꼭 살아야 하죠? 선생님한테도 아무 의미가 없잖아요?"

그럴 때마다 저는 이렇게 대답합니다.

"삶에 의미가 뭐 그렇게 중요해요? 저도 매일 수습하면서 그냥 사는 거예요."

나에게 뭔가 의미 있는 일이 있었다고 해도, 그것이 결과물은 아니었습니다. 그건 모든 과정이었습니다. 내가 살아낸 과정, 나와 당신을 공부한 과정, 내가 당신과 함께한 과정, 그 모두가 내 삶의 의미였습니다.

우울한 사람에게, 어떤 결과물이 행복감이나 가치감을 가져다줄까요? 글쎄요.

우리는 어릴 적부터 '호사다마'라는 문화적 배경에 익숙해져 분수에 맞지 않은 다행감, 희미한 희망과 기쁨에 덜컥

겁을 냅니다.* 좋은 일을 그냥 순전히 좋아하면 무슨 큰일이라도 몰려올 듯 걱정을 하고, 아직 오지 않았으며 어쩌면 영원히 오지도 않을 비극에 대비하면서 잠시 행복감을 느꼈던 자기 마음을 깨부수고 불안과 초조 안으로 다시 들어가지요.

그러니 삶에서 당장 어떤 의미를 알아내려 하거나 삶의 의미를 가져다줄 특별한 무언가를 찾는 것은 점점 더 큰 짐을 자신에게 지우기만 합니다.

* * *

자신의 우울 모양에 맞는 그릇을 마련하려는 노력도 병행되어야 합니다. 안타깝게도, 많은 사람들이 매일매일 시험공부나 수험 생활, 직장 생활이나 육아에 치여 물리적인 시간이나 전문적인 기술을 확보하기 어려운 탓에, 자기 문제를 직면하고 수용할 기회를 얻지 못했습니다.

이제는 이렇게 한번 해봅시다.

어느 날 문득 내 삶의 의미가 작아 보이고 우울과 불안

• 1924년 발표된 소설 〈운수 좋은 날〉의 마지막 대사 "괴상하게도 오늘은 운수가 좋더니만……"은 저자의 의도와 관계없이 불안이 높은 분들에게 참 많은 악영향을 미쳤습니다.

과 걱정이 산더미처럼 밀려와 마음을 뒤흔든다면, '어, 왔어? 알았어, 일단 나 혼자서는 널 맞이하긴 좀 그렇고, 기다려봐' 하며 먼저 담담히 내 문제를 마주하고, 필요에 따라선 어디선가 나를 기다리고 있을 동료를 찾아 나서야 합니다.

심리치료 전문가를 만나는 것은 큰 도움이 될 테고, 유사한 문제를 경험한 사람들과 서로를 지지하는 자조self-help 모임도 시도해볼 만합니다. 필요하다면 전문의의 처방에 따라 항우울제, 항불안제, 기분조절제도 함께 복용하기를 진심으로 권유합니다.

단, 서점에서 그럴듯한 이름으로 베스트셀러가 된 자기계발서들은 우울이 발생한 후에는 아무런 쓸모가 없습니다. 연구 결과로도 밝혀졌듯이, 우울한 사람들이 자기계발서나 셀프 심리치료 핸드북을 읽으면 증상이 더욱 악화됩니다.

'저 사람은 나보다 더 나쁜 상황이었는데, 나는 왜 이게 안 되지?' 하는 자기패배적인 생각에 빠지거나, '나는 꼭 이러저러하게 되어야지!' 하는 의미 없는 공상에 너무 많은 인지적·정서적 에너지를 투입하면서 실제로 문제를 해결하고 성취를 해야 할 상황에서는 이미 지쳐버리기 때문입니다.

＊ ＊ ＊

우울을 낮추는 것 외에, 효과적으로 자신의 기분을 좋게 만들 방법을 꾸준히 모색하세요.

특히 전통적인 심리치료나 항우울제는 우울 같은 부정적인 감정을 줄이는 데 유용하지만, 부정적인 감정이 없어진다고 해서 자동적으로 긍정적인 감정이 올라오는 건 아니니 이 부분은 스스로 조금 맡아줘야 합니다.

지치지 말고, 꾸준히 나에게 좋은 일을 만들어내거나 좋은 순간을 놓치지 않으려는 자세면 충분합니다.

오늘따라 잘 내려진 커피,
귀여운 디자인의 커피숍 냅킨,
내 취향의 맛있는 맥주,
맥주와 궁합이 잘 맞는 뜨거운 파인애플 피자,
오늘따라 딱딱 맞아떨어지게 도착한 버스와 엘리베이터에 즐거워하면 됩니다.

실제로 커피는 우울의 위험을 감소시키고 생명을 연장해줍니다. 우울에 대한 커피의 효과에 관해서는 2만여 명의 여성을 대상으로 한 10년간의 추적 조사와 2,000여 명의 남성

의미를 찾으려 하지 말 것

을 대상으로 한 연구에서도 밝혀졌습니다. 2018년의 한 대단위 연구 결과, 해당 연구에서 살핀 모든 질환의 사망률과 관련해 커피가 주효한 보호 요인으로 나타났습니다.

따뜻한 목욕도 좋습니다. 간단한 샤워와 비교할 때 목욕은 스트레스와 긴장, 불안, 외로움, 분노, 우울을 감소시키고 편안함을 줍니다.

따스한 스킨십도 좋지요. 치대거나 꼭 껴안아주는 등 누군가와 살갗을 부비는 일이 개인의 정신건강에 미치는 효과는 널리 입증되어 있습니다. 특히 반려동물 입양은 치료에 대한 반응성이 떨어지는 우울 환자의 항우울제 효과를 높인다는 증거도 있습니다. 12세 이전에 반려견과 함께 생활한 사람들의 조현병 발병률이 현저히 낮다는 연구 결과도 있습니다.[•]

행복감에는 감사 일기 쓰기도 효과가 좋은데, 다만 일주일에 한 번 정도 간격으로 해야지 매일 하면 매너리즘에 빠

• 396명의 조현병 환자, 381명의 조울병 환자, 594명 대조군을 대상으로 한 연구 결과, 반려견이 조울병 발병 위험을 낮추지는 못했고 반려묘는 두 정신질환 모두에서 발병률을 낮추지 못했습니다. 그러나 이것이 특정 동물의 '쓰임새'로 묘사되어서는 안 될 것입니다. 개와 고양이는 그 자체로 충분하니까요.

져 오히려 효과가 감소됩니다.

선물은 내가 받을 때보다 타인에게 줄 때 행복감이 높아집니다. 아직 스스로를 챙겨야 할 때라면 본인에게 자리를 내어주고, 주위를 돌아볼 여유가 생긴다면 주위 사람들도 봐 주세요.

설탕이 든 달콤한 음식을 먹으면 단기적으로는 기분이 좋아지지만 장기적으로는 분노감이 높아지니, 적당히.

운동은, 아직 하기 싫지요? 괜찮아요. 나중에 천천히 하면 됩니다. 우리는 계속 살아갈 거니까요.

무엇이든 좋으니 당신 자신을 챙기세요.

괜찮아요. 삶을 즐거워해도 되고, 재미있어 해도 됩니다.

당신은 당신 자신에게 좀 더 좋은 주인이면 좋겠습니다.

그래서 **오늘의 숙제**는 이것입니다

의미 있는 삶에 대한 정의를 달리해볼 것.
그리고 당신에게 우울이 있다면 추정되는 원인을 종이에 간단히 적고, 조용히 말을 걸어볼 것.

의미를 찾으려 하지 말 것

5부

당신에 대해 함부로
이야기하지 말 것

희망은 '좋은 일이 일어날 것만 같은 기분'이 아니라 '불운과 부조리 속에서도 내가 지금 뭐라도 노력하고 있어서 느끼는 가치'입니다. 성공할 가능성이 너무 낮기 때문에 희망을 버린다고들 하지만, 틀렸습니다. 심리학적으로 확률은 희망을 규정하지 않습니다.
오늘의 행동만이 내 희망을 정의합니다.

낙관주의와 희망 사이에서

잠시 임상심리학자들*의 이야기를 해볼까 합니다.

임상심리학자들에겐 낙관주의를 경계하는 특이한 성향이 있습니다. 그래서 타인에게 빈말이라도, 무턱대고 잘될 거라는 말을 하지 못합니다.

어떤 문제는 삶을 낙관적으로 보는 것만으로 해결될 일이 아니며, 내담자도 이미 그것을 기만이라 여깁니다. 불안과 걱정으로 범벅이 된 이야기를 기껏 고통스럽게 토로했더니 상대가 한다는 이야기가 밑도 끝도 없는 '잘될 거야' 식의

---

* 여기서는 한국임상심리학회에서 수련 및 자격시험에 관여하는 한국심리학회 임상심리전문가, 보건복지부 정신건강임상심리사를 말합니다. (참고로 2020년 기준, 국내 상담 관련 민간 자격증은 6,000종류입니다.)

위로라면, 그 공허한 말들은 이 시간을 마무리하기 위한 진행 멘트처럼 느껴질 뿐입니다.

이 직업이 다른 직업과 가장 구분되는 지점은, 극단적인 스펙트럼을 가진 타인의 삶을 압축적으로 경험하는 일을 거의 매일 되풀이한다는 것입니다. 지적 장애인과 타고난 천재. 자살 생존자와 죄책감 없이 남의 돈을 끌어다 쓰는 허풍선이. 죽음에 대한 공포로 가득한 여덟 살 아동과 죽음이 자신에게만 찾아오지 않아 고통스러운 여든의 어르신.

그래서 일을 시작한 초반에는 내담자를 한 명 한 명 만날 때마다 탈진하고 맙니다. 조금 전 만난 내담자에 대한 이야기는 곧바로 마음의 한쪽 서랍에 넣어놓고, 지금 눈앞의 내담자에게 다시 순식간에 몰입해야 한다는 중압감으로 신경이 곤두섭니다. 더욱이 그 심적 고통에 꼬박 같은 마음으로 노출되다 보면 몸은 지치고 마음은 조로早老합니다.

결국 연차가 높아지면서는 냉소주의 시즌이 오는 치료자들이 있습니다.* 일 자체도 고되지만, 내담자들이 놓인 상황

---

* 감정 조절이 서툰 저와 제 동료들은 '냉소주의가 인간으로 태어나면 저런 모습일까?'의 수준이었는데 사실 모두 그런 것은 아닙니다. 처음부터 능숙하게 거리 조절을 하는 분들도 있을 겁니다.

을 수사관처럼 살피다 보면 환멸이 나지 않으려야 않을 수 없습니다. 부모가 왜 그렇게까지 아이를 방치했는지, 이 사람은 뭘 잘했다고 술을 마시고 가족들을 괴롭히기 시작했는지, 이 가족은 지금까지 대체 무슨 치료를 받다 상황을 이 지경까지 만들었는지, 이 학생은 왜 자기 잘못도 아닌데 자기 생을 마치려 했는지 복잡한 슬픔과 분노가 치료자들에게도 엉깁니다.

다행히도 시간이 흐르면서 냉소는 줄어듭니다.
'그럼에도 불구하고' 삶이 지속된다는 것을 받아들이게 되는 때가 옵니다.
아이가 부모에 대항할 수 있을 만큼 성장하고,
과거를 이야기하면서도 더는 눈물을 흘리지 않으며,
외상적 기억이 다른 기억으로 대치되거나 약화되고,
처음으로 '남들처럼' 살아보고 싶다는 마음을 내비치는 때가, 어느 순간 옵니다.

그때 심리치료 초심자들은 스스로를 보호하려 했던 냉소주의가 자신과 마주한 내담자에게 태만이며 무례였다는 것을 알게 됩니다. 그리하여 치료자는 내담자와 함께 아주 현실적인 수준에서 희망을 살피기 시작합니다. 내담자의 일

당신에 대해 함부로 이야기하지 말 것

들에 대책 없이 분노하는 일도 잦아들고, 내담자가 간절히 바라는 마법 같은 구원의 서사를 함께 기원하는 일도 없습니다.

이제는 개인의 불운한 역사를 똑바로 마주하고서, 또 그럼에도 힘을 내어, 지금 그 사람이나 그 가족에게 필요한 것이 무엇인지 찾아 나서는 노력을 시작합니다.

치료자와 내담자가 함께 낙관도 비관도 없이 현재와 미래를 볼 수 있을 때 치료는 빠르게 진전됩니다. 그렇게, 한 사람의 내담자는 자기 자신을 위한 치료자로 성장합니다. 내 삶에 예의를 갖춰 부지런을 떨 사람이 우선 나여야 한다는 사실을 알게 되면서부터 말이지요.

물러서는 법 없이 자기 문제를 똑바로 마주 보고, 상황에 대처할 마음의 무기가 하나씩 늘어가고, 동료나 치료자 같은, 곁에서 나와 함께 싸워줄 용병을 맞이하며 우리는 조금쯤 희망을 품을 수도 있습니다.

이렇게 지내다 보면 기분이 차츰 안정될 수도 있겠다, 내가 다시 누군가를 사랑할 수도 있겠다, 어쩌면 나는 그때보다 좀 더 강한 사람이 될 수도 있겠다, 또 그러지 않더라도 이 자체로 나의 노력은 참 괜찮다, 더 해봐도 되겠다 하는 '희망hope' 말입니다.

희망이라는 말은 오해를 사기 쉽습니다. 덧없어 보이고, 가벼워도 보입니다.

그러나 심리학에서 희망이라는 개념은 그 무게감이 상당합니다. 희망이 없는 상태를 뜻하는 무망감無望感은 자살을 예측하는 강력한 위험 요인이기도 합니다.

스스로 희망이라는 단어를 언제 사용하는지 생각해본 적 있나요? 희망은 쉽게 해결 가능한 문제 상황에서 사용하는 용어가 아닙니다. 식사 메뉴에 대한 의견이 엇갈리거나, 입고 가려던 옷이 채 마르지 않았거나, 휴대전화 배터리가 거의 다 되어갈 때 우리는 희망이 없다든지 희망을 보았다든지 하는 식으로 말하지 않습니다.

그보다 희망은 보통 개인이 통제하기 어려운 상황situations with low levels of personal control에서 경험합니다. 지진이나 대유행병, 그리고 내가 어쩌지 못하는 심리적 고통이 재난처럼 다가올 때에야 경험할 수 있는 특이한 인지적·정서적 상태가 '희망'입니다.

재미있는 것은, 통제 불가능한 상황에서도 이렇듯 희망을 경험하는 사람들은 그 희망의 실현 가능성을 '반반' 정도로만 평가한다는 점입니다. 정말 그 일이 잘될 것만 같아서 희망을 느낀 게 아니라는 얘기지요.

사실 희망을 경험하는 데 핵심적인 요소는 개인의 주체성personal agency입니다. 내가 내 삶이 애틋하고 짠해서 스스로를 잘 먹이고 재우고 입히려고 할 때, 그리고 당면한 문제에 최적의 해결책을 찾아나서겠다 결심할 때, 어느 순간 낯설고 간지러운 기대가 생긴다면 그것이 희망입니다. 다시 말해 희망은 '좋은 일이 일어날 것만 같은 기분'이 아니라 '불운과 부조리 속에서도 내가 지금 뭐라도 노력하고 있어서 느끼는 가치'입니다.

성공할 가능성이 너무 낮기 때문에 희망을 버린다고들 하지만, 틀렸습니다. 심리학적으로 확률은 희망을 규정하지 않습니다.

오늘의 행동만이 내 희망을 정의합니다.

* * *

희망은 '낙관주의optimism'와 구분됩니다. 낙관주의는 그야말로 참 낙관적입니다. 희망과 달리 낙관주의는 '이건 되는 거다!' 하는 식으로 실현 가능성을 매우 높게 평가합니다.

'뭘 믿고 저러지' 싶은데, 사실 이 '뭘 믿고 저러지' 시그널이 낙관주의와 희망의 가장 큰 차이입니다. 낙관주의적 관점에서는 나 아닌 누군가, 혹은 나보다 더 강력한 힘이 이 상황을 해결할 것으로 봅니다. 자기 자신보다는 절대자, 어른, 멘토, 아니면 벼락 같은 운을 믿으며, 이들이 나에게 좋은 결과를 가져다줄 것으로 생각합니다. 그것도 매우 높은 확률로.

낙관주의적 관점 덕분에 잠시 기분이라도 좋으면 좋은 것 아닌가 싶겠지만, 그런 문제는 아닙니다. 낙관주의적 백일몽에 빠져 있는 시간은 무력감을 배우는 시간일 뿐입니다. 현실적인 노력을 기울일 에너지는 줄어들고 자신에 대한 평가는 더 가혹해져 손에 남는 결과물은 적습니다.

예를 들어 크게 성공한 자신의 모습을 구체적으로 떠올리는 등 낙관적 상상을 자주 하는 사람들을 추적 조사한 한 연구에 따르면, 이들은 구직 활동 자체가 저조하고 직업적 성취가 낮으며 연봉도 적었습니다. 또 다른 연구에서는 수술 이후 회복에 대해 지나친 낙관주의를 보이는 환자의 회복이 오히려 더딘 것을 확인했습니다. 낙관주의적 맹신에 마음의 힘을 이미 다 쓰고 실질적인 노력은 회피하려 한 탓입니다.

자존감이 낮다고 스스로를 평가하는 사람들에게 '나는

멋져, 나는 특별해!'를 외치며 자존감을 향상시켜보라고 했더니, 오히려 자존감이 더 떨어졌다는 연구 결과 역시 뼈아픕니다. 많은 연구자들은 근거 없는 낙관주의로 자기주문을 거는 일이 성공이나 성숙의 기회를 오히려 줄인다고 경고합니다. 행여 일이 잘못되었을 때 더 심대한 충격을 가져오기 때문이지요.

* * *

'평생 어른이 되고 싶지 않다'는 말장난도 그쳐야 합니다. 이만큼 미성숙한 회피 방법이 또 있을까요. 어른의 뇌를 가지고 어른의 얼굴을 하고 어른의 경험을 했는데, 지금 무슨 소리를 하는 건가요……!

아이의 순수성을 강조하는 메타포에 빠져 어른을 퇴락한 존재, 과거에 멈춰 있는 존재, 미래의 일에 전전긍긍하는 존재로만 보지 마세요. 어른이 된 당신은 그 많은 외상적 경험과 좌절에도 살아남으려 노력한, 존중받아 마땅할 오늘의 생존자입니다.

당신은 어른이면서도 순진하게 행복할 수 있습니다. 어른이면서도 순수하게 사랑할 수 있어요. 세상의 무신경함과 잔

인함에도 꼿꼿이 일상의 정돈된 루틴을 유지하는 자신의 노력에 새삼 뿌듯해하며, 늦은 밤 맥주 한 캔을 따고 요즘 한참 힘들어하는 친구에게 스타벅스 쿠폰을 문득 보내는, 어른의 방식으로 말입니다.

진지한 표정으로 현실적인 대안을 찾으려는 사람들을 우습게 여기는 분위기를 멀리하세요. 자신의 삶을 책임지려 할 때 경험하는 희망의 무게는, 다른 사람이 가벼이 여길 만한 것이 아닙니다.

우리는 매일 더욱 어른스러워야 합니다.

* * *

저는 그렇게 당신이 당신의 행동으로 만들어진 희망을 너그러이 바라보고, 무력감과 권태를 '알아서 이겨내는' 어른의 삶을 살았으면 좋겠습니다.

백일몽과 낙관주의로 지금의 뇌내 쾌락 회로만 잠시 자극하고는, 지금의 문제를 애써 못 본 체하고 미루기procrastination를 시전하다 또다시 자괴감에 빠지는 악순환에 지지 않았으면 좋겠습니다.

당신에 대해 함부로 이야기하지 말 것

혹 반대로 과거의 일을 자꾸만 잊고 감히 희망을 품으려는 자기 모습에 불쾌해지고 겁이 나 또다시 습관처럼 마음의 추를 부지런히 움직이고 있다면, 그래서 자신과 미래에 대한 비관적 관점에 쓸데없이 무게추를 얹고 있다면, 그런 자기 학대도 이제 그만두었으면 좋겠습니다.

어느 날 문득 '혹시나……?' 하며 품은 삶의 희망이 내 안에 머물도록, 그 낯선 마음들을 인정해주세요. 희망이 아버지를 아버지라 부르고 어머니를 어머니라 부르게 좀 두세요. 그 희망은 우리가 이렇게나 마음고생을 하며 매일을 잘 살아온 덕분에 어렵히 만들어진 희망입니다.

행동할 힘을 잃게 하는 냉소주의나 낙관주의는 멈추세요. 우리의 생을 보호하고 내일의 일상을 귀중하게 만드는 것은 우리가 만들어낸 현실적인 희망입니다.

허황된 낙관이 아닌 무거운 희망이,
당신에게 웃어도 되고, 즐거워도 되고, 사랑해도 되고, 가벼워도 된다고 일러주며
당신의 세계를 확장해나가고 있습니다.

이제, 우리의 이야기

이기는 싸움을 할 것

바꿀 수 없는 것들이 있습니다.

원가족의 고약한 성격, 어떤 사람과의 관계, 내가 지금의 생활을 유지하려면 따라야 하는 외부의 요구, 정신질환이 있는 가족의 치료 거부.

심리치료 장면에서 만나는 많은 사람들은 바꿀 수 없는 것을 바꿀 수 있으리라 믿어 오랜 노력을 기울이다 소진되고 슬퍼진 분들입니다. 언젠가 돌아보면 바뀔 리 만무했음이 명확해지지만, 착각은 여러 곳에서 시작되어 나를 계속 애쓰게 만들었습니다.

그 사람은 마치 바뀔 것처럼 행동했고, 나는 그 사람 인생에 내가 중요한 줄로만 알았고, 그 사람이 내 인생에 중요한

당신에 대해 함부로 이야기하지 말 것

줄로만 알았으며, 내게 그를 바꿀 수 있는 힘이 있다고 믿었습니다.

그러나 그는 바뀔 듯 행동했지만 자신의 행동을 그렇게까지 바꿀 생각이 애초에 없었고,

그에게 내가 중요한 줄 알았지만 그는 인생에서 우선순위를 둘 줄 모르는 사람이었고,

나에게 그가 중요한 줄 알았지만 나는 굳이 그가 아니어도 되었으며,

내게 그를 바꿀 힘이 있었을 수도 있겠지만 실은 나를 바꾸는 데 내 힘을 우선 배분하는 것이 더 효율적이고 건강한 방법이었습니다.

내가 상황을 바꿀 수 있고 통제할 수 있다는 신념은 누구나 빠질 수 있는 잘못된 생각입니다. 그렇게 이길 수 없는 싸움을 몇 달, 몇 년째 하다보면 이 정체된 상황을 좀처럼 타개하지 못하는 나 자신의 가치를 의심하게 됩니다. 사실 가치가 없는 것은 나 자신이 아니었음에도, 타인과 환경의 견고한 고집을 눈치채지 못한 채 나를 탓하며 소득 없는 노력을 되풀이합니다.

＊ ＊ ＊

상담 중 신뢰관계, 즉 라포rapport가 잘 형성되었을 때 내담자에게 이런 말을 건넬 때가 있습니다. "여우처럼 싸우세요, 곰 말고. 이기는 싸움을 먼저 하세요."•

더 구체적인 설명도 필요 없습니다. 그 방법을 아직 모를 뿐이지 제가 무슨 이야기를 하는지 이미 마음으로 알고 있습니다.

어떤 문제인지, 누구를 대상으로 하는지에 따라 영리한 싸움의 방법은 달라지기에 지금 이 책에서 구체적인 방안을 드릴 수는 없습니다. 그러나 어떤 경우든 싸움 전에 최우선으로 생각할 것은, 이 싸움이 어디로 어떻게 흘러갈지에 관한 예측입니다. 단지 몇 분 후의 일을 예측하는 것만으로도 우리는 몇 수 앞을 내질러 판세를 읽을 수 있습니다.

이기는 데에는 운도 따라야 하기에 이기는 싸움을 미리 아는 것은 어렵습니다. 반면 현재로선 '절대 이길 수 없는'

• 나의 존엄성을 해치는 비윤리적 문제라면, 이기는 싸움일지에 대한 판단은 필요 없이 바로 신고를 할 일입니다. 국번 없이 112 혹은 1366(여성긴급전화).

　당신에 대해 함부로 이야기하지 말 것

싸움을 변별하는 것은 비교적 쉽습니다.

"정말 많은 방법을 써본 것 같은데, 지금 다시 생각해볼 때 상대가 바뀔 가능성은 어느 정도일 것 같나요? 이길 수 있는 싸움에 먼저 집중했으면 좋겠는데, 지금 이 시점에서 그 싸움이 이길 수 있는 싸움 맞나요? 이길 수 있을 때를 우리가 선택하는 건 어떨까요?"

이 질문만으로도 내담자의 얼굴에는 순식간에 너무나 많은 감정들이 오갑니다. 보지 않으려 했던 이야기의 결말이 드러나는 순간입니다.

물론 살면서 매번 이기는 싸움만 골라 할 수는 없습니다. 그러나 마음의 힘이 충분치 않을 때라면, 지금은 가능한 한 전략적으로 지낼 필요가 있습니다.

어차피 보호해야 할 사람이 생기면서(그 사람이 나 자신일 수도 있고요), 또 마음이 적당히 단단해지고 적당히 유연해지면서, 우리는 필연적으로 지게 될 싸움에도 어런히, 기꺼이 참전할 것입니다. 그때까지는 우선 물러서야 할 때를 읽어야 합니다.

다시, 당신에게로 운이 기우는 때가 옵니다. 원하는 만큼은 아니어도 분명 제대로 과거의 일에서 자유로워질 기회가 옵니다. 그러니 지금은 가지 않아도 되는 길에 서서 슬퍼하고 자책하지 않았으면 좋겠습니다. 우리가 노력을 안 해본 게 아닙니다. 그가, 환경이 아직 준비되지 않았고, 그들은 영원히 준비되지 않을 수도 있습니다.

그게 우리 탓인가요?

나는 당신의 그 시간이 너무 아깝습니다.

* * *

결과가 예견되는 싸움들에 머물러 끝내 그 끝을 확인하려는 분들은 먼저 이것이 마음에서 일어나는 착각 때문임을 알아주었으면 좋겠습니다.

일을 완수하지 못하면 마음의 에너지가 그곳에 남습니다. 시험을 한참 보던 도중 갑자기 시험지가 회수되어 미완성 과제로 남는 경우 시험문제를 유독 잘 기억하게 된다는 '자이가르닉 효과Zeigarnik effect' 연구로도 입증된 바 있지요.

그래서 우리는 끝내지 못한 일에 대한 불쾌감으로 자꾸 이전에 실패했던 일로 회귀합니다. 다시 그 지점으로 돌아가 같은 싸움을 되풀이하며 상처받습니다. 그러나 우리가 쏟

아붓는 노력이 변하지 않는 상수라 해도,* 타인의 역사와 역동은 너무 큰 변수입니다. 대인관계에서 미완으로 남는 일은 모두에게 무수히 많음을 기억했으면 좋겠습니다. 꽉 닫힌 행복한 결말이 제일 좋겠지만, 확률상 열린 결말일 가능성이 제일 높고, 흔한 일입니다. 그 일을 군이 본인이 끝맺지 않아도 됩니다.

누군가의 삶에 구원자가 되려는 동기를 가진 경우도 있습니다. 혼자만의 선의를 갖고서, 준비되지 않은 사람들에게 실효가 없는 접근을 지속하는 것이지요. 그러나 타인의 삶에 영향력과 통제감을 미치려는 욕망을 최대한 빨리 인정하고 전두엽에 힘을 줘 이를 막지 않으면, 본인의 열패감과 분노만 짙어지거나 '사이비 교주' 마인드를 갖춰나가기 십상입니다.

만일 심리학과 학부생이나 임상심리 수련 과정에 있는 분들이 이런 마음을 내비친다면, 지도교수 혹은 지도감독자supervisor는 가능한 한 빨리 이 초심자의 역동을 파악해 수정하는 역할을 합니다. 그제서야 이 초심자는 현실적인 수준

---

* 사실 일단 우리 노력도 상수일 리는 없습니다. 월요일과 토요일이 다르고, 아침 9시와 저녁 9시가 다른 인간의 의지를 절대로 과대평가하지 마세요.

에서 자기 자신과 타인을 위해 해야 하는 일의 우선순위를 매길 수 있습니다.

이기지 못할 싸움에 계속 노력을 투입하는 또 다른 이유는 '그동안의 노력이 아까워서'입니다. 회수할 수는 없는 투자 비용, 노력, 시간에 따른 마음의 매몰 비용 sunk cost이 이미 크기 때문이지요.

그동안의 내 희생과 시도가 끝내 실패했음을 인정하지 못하고 계속해서 더 많은 심리적 비용을 퍼붓는 이 매몰 비용의 오류는 강력합니다. 다른 방식으로 나를 챙겨야 할 때에 소모전을 거듭합니다. 더욱이 '손절'을 당해보기만 했지 해보지는 못한 분이라면, 손을 털고 그 판을 빠져나오는 일이 행동의 옵션에 없습니다.

그러나 영리한 포기는 우리 마음의 기능 최적화를 위해 매우 중요한 미덕입니다.

지금의 도전을 지속해야 할지 판단이 잘 서지 않는다면,

(1) 그때로 다시 돌아가도 그보다 더 노력할 수 없다

(2) 성과나 변화가 미미했다

(3) 사실 꼭 이 길로 가야 하는 건 아니다

이 세 단계 필터를 거쳐 모두 '그렇다'는 답이 나올 경우 그땐 뒤도 돌아보지 말고 포기하세요. 그 길, 아니에요.

정해둔 노력의 시간이 다하면 손 한번 탁탁 털고 내 과업의 완료를 선언하세요. 그 상태로 휴전일 수도, 종전일 수도 있습니다. 필요하다면 나머지 싸움은 외부의 적합한 전문가에게, 때론 최적의 적수에게 의뢰하고, 내 마음은 거둬 가세요. 다른 곳에 가져다 쓰면 더 잘 쓸 수 있는 당신의 에너지임을 차차 알게 될 테니, 일단 갖고 계세요.

* * *

사실 이 분투가 길어지고 패색이 짙어질 때 우려되는 건 '외로움'입니다. 외로움 자체도 걱정이지만, 외로움이 또다시 이 불리한 싸움을 더 불리하게 만들지 모르니 주의해야 합니다.

시카고대학교 심리학자 존 카치오포John Cacioppo 교수가 10년 동안 추적 연구해 발표한 내용에 따르면, 외로움은 삶의 전반적인 부분에서 자기 자신에 초점을 맞추는 자기초점적 사고self-centeredness('나는 나 자신에 대해 아주 많이 생각한다')를 증가시킵니다. 이후 자기초점적 사고는 다시금 외로움에 영향을 미치며 이 둘은 상호 강화됩니다.

그러나 타인도 나처럼 자기만의 역동, 동기, 역사에 기반해 나름대로 조직화된 의사결정을 하는 하나의 고도의 지적 생명체라는 것을 이해하지 않으면, 나의 고통감과 답답함만 가중되고 헛발질을 하기 쉽습니다.

놀라운 일이지만, 그 사람도 '생각이란 것'을 할 줄 압니다. 내 논리와 다를 뿐이지요.

나는 그 사람이 아니고,
그 사람의 일부도 아니며,
다만 그 사람 환경의 일부인 것입니다.

그런데 '그 사람 환경의 일부인 나'를 받아들이지 못하고 '오직 나'에 초점이 맞춰져 있는 자기초점적 사고에 몰두하면 현재 상황을 고려한 실용적 판단력이 저하되기 마련입니다. 전세를 기민하게 파악하는 데 사용할 사회적 기술이나 심리적 자원이 모두 나를 향해 있기 때문입니다.

심지어 불리한 판세라면 전략상 물러서야 하는데 나를 중심에 둔 철 지난 '천동설'을 포기하지 못합니다.

영리한 싸움을 위해 자기객관화가 필요한 시점입니다. 자기 자신과 상황을 타자의 눈으로 볼 때 비로소 냉정한 예측이 가능해집니다. 그제서야 반격의 길일吉日을 현실적으로 택할 수도 있고, 바람의 방향을 바꿀 의외의 돌파구를 발견할 수도 있습니다.

더욱이 특정한 관계에 너무 몰입해 있거나 외로움에 압도되어 그 일의 중요도를 과장해 평가하고 있었다면, 객관화를 통해 지금 그 싸움에서 이기는 일이 내 인생에 아주 그렇게 대단히 가치 있는 일은 아니라는 것을 알게 될 것입니다.

내 주위 반경 1미터짜리 황무지 같은 전장에서 눈을 돌려 다만 몇 발자국 옆을 보면, 오프라인에도 SNS에도 당신과 함께 감정과 위로와 유대감을 나누기 위해 기다리던 사람들이 있습니다. 떡볶이를 들고, 계절 한정 아이스크림을 들고, 새로 나온 드라마에 관한 이야깃거리를 들고 있는 싱거운 사람들요.

* * *

당신은 실제로 힘든 시간을 보내왔지요.

그러나 당신의 과거는 당신의 미래를 정하기엔 이제 힘이 약합니다.

혹시, 지옥 같았던 상황, 그리고 당신이 도저히 이길 수 없을 것 같았던 사람들을 다시 만나게 된다면 지금 당신은 어떤 반응을 보일지요? 과거의 대처를 반복하고 있을까요?

아뇨, 아닐 겁니다. 단호하게 말할 수 있습니다.

그 사람들, 그 사건들은 나에게 더는 그때만큼 큰 힘을 발휘할 수 없습니다. 나는 그 지형도에 위치해 있지 않습니다. 어쩌면 그 사건이 일어난 지점보다 더 높은 곳에, 혹은 아예 판을 바꿔 만든 새로운 지도 위에 지금의 내가 서 있습니다. 내가 그러기로 마음을 먹었기 때문입니다.

나와 내 강점과 약점, 내가 행복을 느끼는 지점들에 대해 계속 배우면서, 나는 그때보다 훨씬 성장했습니다. 자존감이나 심리적 성숙이 높아 보이는 사람들이 어떻게 대처하는지 익혀왔습니다. 이제 나를 해칠 수 있는 것은 나 말고는 아무도 없을 만큼, 나 스스로를 지킬 수 있을 만큼 내가 변해 있습니다.

언젠가 시간이 흘러 정말 당신이 싸워볼 만하겠다 싶을 때, 제대로 당신 이야기의 종결을 보고 싶다면,

네, 그것도 응원합니다.

그러나 싸움을 하기 위해 굳이 상대가 서 있는 곳으로 내

려서려 하지 마세요. 당신과 그의 위치는 다릅니다.

당신이 눈치채기 훨씬 전부터.

실패에 우아할 것

'우아한 쇠퇴graceful degradation'라는 말을 들어보셨나요? 어떤 시스템에 중대한 손상이 있거나 부적합한 새로운 정보가 입력될 경우, 전체 시스템의 파국적인 오작동을 막고 지금껏 훈련된 네트워크의 기능들이 그럭저럭 유지되도록 하는 것을 뜻합니다. 저는 인간의 정보 처리 능력에 대해 강의할 때 이 개념을 설명하곤 합니다.

파워포인트 같은 컴퓨터 프로그램의 예전 버전 파일을 열면, 몇몇 기능은 작동하지 않지만 여전히 그 파일을 읽고 쓰는 것은 가능하지요. 마찬가지로, 인간은 노화에 따른 뇌 기능 저하가 여기저기서 나타나더라도 여전히 적절하게 자기 역할을 수행할 수 있습니다.

우리는 앞으로도 꾸준히 실패를 경험하게 될 겁니다. 일하는 과정에서, 관계를 시작하고 유지하는 과정에서 크고 작은 마음의 손상을 경험하겠지요.

그때마다 우아한 쇠퇴, 우아한 실패를 기억하면 좋겠습니다. 그리하여 점차 높아질 당신의 회복탄력성을 자원 삼아, 실패한 이 지점에서 내가 어떤 사람이기를 바라는지 거리를 두고 생각할 시간을 갖는다면 좋겠습니다.

성공할 때는 아이처럼 굴어도 좋지만, 실패할 때만큼은 더 세련되고 우아했으면 좋겠습니다. 우리 뇌는 그렇게 천천히 성숙해갑니다. 태어날 때부터 그럴 만한 기질적 자원을 갖추고 있습니다.

이런 의미에서 세 가지 잔소리를 덧붙이고자 합니다.

* * *

첫째로, 잦은 실패 경험으로 만성적인 무력감과 공허감을 겪는 시기에도, 당신은 자리에서 일어나 '뭐라도 할' 필요가 있습니다.

'나는 사랑받지 못했고, 실패했고, 쓸모없는 사람'이라는 당신 마음의 틀은 명확한 근거나 구체성 없이 무턱대고 당신 스스로를 규정해버립니다.

그러나,

'내가 정말 모든 사람에게 불쾌한 존재였을까?'

'내가 정말 살아갈 이유가 없을까?'

'나는 그동안 계속해서 불행했을까?'

'모든 일에 실제로 실패했을까?'

이런 질문들을 던지다 보면, 그동안 습관처럼 과잉 일반화하고 파국화한 막연한 세계와 나의 실제 사건들 사이에 균열이 생깁니다.

그 정도는 아니었어요.

'소확행'이라는 말이 등장했을 때 한편으로 걱정도 됐습니다. '소소하고 확실한 행복'에 대비되는 뭔가 대단히 이상적인 행복이 어딘가에 있을 것만 같아, 오히려 사람들이 자신의 행복을 가볍게 여기는 추세가 있었습니다.

그러나 원래 행복은 그런 거였습니다.

소소함.

홀로 소소하게 행복했던 시간들이 있었습니다.

어느 순간 그 시간들을 머릿속 비좁은 방에 억지로 밀어 넣고는 '난 지금 행복해서는 안 돼'라는 주문과 함께 문을 닫아버린 후, 사소한 행복의 디테일이 내 자전적 기억에서 사라졌을 테지만요.

뇌와 마음이 뭉뚱그려 만들어낸, '나는 이 정도 일로 행복해서는 안 되는 사람' 따위의 프레임은 어쩌면 그 실체가 없기에, 그 불행하고 어렴풋한 윤곽을 지속하기 위한 심리적 에너지는 계속 소모됩니다. 지금-여기에 머물러 순간적인 몰입감과 행복감을 알아차릴 능동적인 주의력과 활력은 그만큼 줄어들게 됐습니다.

지나온 일들을 곱씹으며, '나는 이제껏 그래왔듯이 금세 불행의 나락으로 떨어질 수 있어, 정말 큰 행운이 찾아오면 그때 마음을 놓자' 하고 생각하다 보면 시야는 점점 좁아지고 스스로를 더욱 다그치게 됩니다.

그러는 거 아니에요.

여태 말했듯이 '어쩌라고' 정신으로 살아야 합니다.

'내가 할 수 있는 건 다 했는데, 어쩌라고' 하면서 기억과 사고를 다잡으세요. 실패 이후에 기분이 흘러가는 대로 자신을 표류하게 두지 말아요. '뭐라도 하자'며 누군가 내 머리끄덩이라도 잡아채 끌어올리는 이미지를 상상하면서 스스로를 단호하게 일으켜 세우는 것이 더 우아합니다.

또다시 바닥이 보이지 않는 불안감과 우울감이 당신을 들여다볼 때, 입 밖으로 소리 내어서라도 그 순간을 당신이 종결해야 합니다.

"뭐라도 하자."

당신이 건네는 이야기에 뇌는 뭐라도 할 채비를 시작합니다. 꾸준한 습관만이 당신의 길을 냅니다.

＊ ＊ ＊

둘째로, 당신은 기대해도 됩니다.

기대했다 실망하는 반복적인 경험들은 물론 고통스럽습니다. 어떤 경우에도 실망하지 않는 법을 배울 수 있다면야 좋겠지만, 우리 대부분은 기대가 무너질 때 필연적으로 실망하게 됩니다.

주의할 것은, 과장되고 오래된 실망입니다. 남에게 전시하기 위한 피상적인 실망, 최선을 다하지 못한 상황을 감추기 위한 기만적인 실망은 당신의 성격 구조를 왜곡시킵니다. 그냥 혼자 멋쩍게 웃으며 지나갈 일에도 괜히 스스로 변명하려 하거나, 혹여 성공했더라면 누릴 수 있었던 것을 자꾸만 알리려 합니다.

무엇보다 당신은 실망하면 할수록 기대하지 않으려 하니

까요. 그러나 다시 생각해보면, 기대하지 않았다고 해서 정말 실망하지도 않았던가요? 기대와 실망은 사실 별개의 사건이었는지도 모릅니다.

기대하지 않으려고 애쓰지 마세요.

당신의 기대는 한 번도 죄였던 적이 없습니다. 당신은 그냥 순수하게 기대했던 것뿐입니다. 기대한 바 그대로 이뤄지리라는 믿음이 아무 이유 없이 운 좋게 성취될 때도 있고, 그저 아무 이유 없이 무너질 때도 있는 겁니다.

기대는 죄가 없고, 당신도 죄가 없습니다.

그냥 상황이 그랬습니다.

당신에게 불행감을 가져오는 사건들은 많은 경우 당신의 노력이나 기대와 상관없이, 운과 상황에 좌우됩니다.

노력이 부족해서가 아닙니다. 당신은 한다고 했습니다. 수백 번 무너져 내리는 마음을 일으켜가며 어떻게든 끝까지 버텨보려 했습니다. 당신이 모두 알고 있습니다.

운이 나빴을 뿐입니다.

주인공이 당신이었다면 좋았겠지만, '내가 아니면 안 되는 일' 따위란 세상에 없는 것도 사실입니다. 그런 억지로 만들어낸 가치가 아니어도, 당신과 나는 이대로 충분합니다.

기대하세요.

내일의 날씨, 잠시 후의 점심 메뉴,

오랜만의 시내 외출, 개봉할 영화와 새로운 드라마.

또 실망할 수도 있겠지만, 실패에도 다시 일어나는 힘은 지치지 않는 기대에서 나옵니다.

오늘 점심으로 먹은 달걀 샌드위치가 형편없었대도 저녁에 먹을 소고기덮밥은 괜찮을 수 있습니다.

이번 성과가 형편없었대도 내일 보기로 한 영화는 재미있을지 모릅니다.

우리의 취미는 '기대하는 것'.

백 번을 실망한대도.

* * *

마지막으로, 자신의 의존성을 비난하거나 회피하지 말고 그저 유연히 받아들이길 바랍니다.

풍부한 문화적 환경이나 인지적 자원, 높은 사회경제적 상태 덕분에 독립성을 학습할 기회가 있어, 독립적인 삶을 사는 사람들도 있습니다. 부럽기도 하지요. 그러나 우리에게 그런 운이 따르지 않았던 것은 그저 여러 우연이 중첩되었기 때문입니다. 우리 탓이 아닙니다.

나의 의존성과 취약성, 그리고 감정적인 약점과 개인적인 결함이 없으면 좋았겠지만, 있어도 상관없습니다. 이런 건 실패가 아닙니다. 실패일리가요. 이미 배웠잖아요. 사람들 대부분은 원래 의존적이며 사회적인 뇌를 가지고 있습니다. 우리는 차차 나의 이 조각들을 불편감 없이 자연스럽게 바라보고 나의 일부로 받아들이게 될 것입니다.

나의 부적절감이나 의존성에 홀로 수치스러워 다른 사람을 밀어내지 않아도 됩니다. 시간이 흐르면 어차피 떠날 사람은 떠나고, 남을 사람은 당신 곁에 다정히 남습니다.

그러는 사이 우리는 천천히 독립적인 삶이 무엇인지 알아가며 성장하게 됩니다. 그러니 사람을 만나면 만나는 대로, 만나지 않으면 또 그런대로 자연스럽게 받아들이면 됩니다.

* * *

다시 한 번 말하지만 날을 세우지 않아도 돼요.

노력하되, 애쓰지는 말아요.

인지하되, 의식하지 말아요.

자신의 타고난 의존성을 편안하게 인식하면서 그 종류와 방향에 대해 충분히 이해하고 수용할 때, 우리는 (의존성 대비) 독립성의 지분을 차츰 높일 수 있는 독자적이고 효율적인 방법을 찾게 될 겁니다.

이때 연애를 한다면, 당신이 그 사람과 함께 있을 때만이 아니라 혼자 있을 때에도 행복한지 꼭 셀프 점검해야 합니다. 연애나 동거, 결혼을 결심할 때 당신은 혼자서도 잘 노는 사람이어야 합니다. 외로울 때 동반을 결심하게 되면, 괴상한 역동이 생겨 병리적인 관계를 시작하게 됩니다.

가장 이상적인 연애와 결혼은 분리(독립)와 융합(의존)이 순간순간 유연하게 이루어지는 관계입니다. 더욱이 부부는 육아 문제부터 양가 가족 문제, 경제 문제에 건강 문제까지 뒤얽혀 순식간에 병리적 융합체가 되어버리기 쉬우니 말입니다.

당신 인생의 반을 사람으로 채우려 하지 마세요.

그게 누구든 말입니다.

실패는 앞으로도 계속될 것입니다.

그러니 일희일비―喜―悲는 고사하고 '일비일비―悲―悲'할 필요가 없음을 꼭 말해주고 싶습니다. 모든 실패에 매번 패배감으로 반응해주지 말아요. 굳이 하지 않아도 되는 일이나 생각과 신념에서 부드럽게 물러서고, 당신 삶을 흑백논리로 몰아붙여 단 두 가지 결과 중에 하나로만 규정하지 마세요. 반드시 해야 할 일에는 당신과 당신의 사람들이 불행하지 않을 만큼만 전력을 다하되, 그다음은 운명의 시간으로 떠나보내기를 바랍니다.

때로는 아무리 아파도 내 의지나 바람과 상관없이 결국 안 되는 건 안 되는 것임을, 그 일이 아주 그렇게 당신 탓은 아님을, 또 당신이 누군가에게 엄청나게 민폐를 끼치는 사람이 아님을 알아주세요. 낮아진 외현적 자존감을 위장하기 위해 기이하게 커진 자의식이 만든 세계로부터 당신이 천천히 자유로워지기를 바랍니다.

당신 탓이 아니에요.

실패에 한없이 추락하는 기분이 든다 해도 그런 기분이 당신의 어떤 측면도 감히 규정할 수 없다는 사실을 알기 바랍니다.

이제 당신은 당신의 보호자, 당신의 책임자, 1인 가족의 가장입니다.

당신은 이제 당신의 인생을 살아요.

당신의 가치를 주입식으로 폄하하는 부정적인 사람들이
나 환경들과 우아하게 거리를 유지하면서.

당신이 품위를 잃을 필요가 있는 일은 어디에도 없습니다.

당신에 대해 함부로 이야기하지 말 것

나도 아직 나를 모른다

우리는 아직 우리 자신을 모릅니다.

수십 년에 걸쳐 누적된 무의식-전의식-의식의 구조 사이사이에 어떤 기억과 감정이 숨어 있는지 여전히 모릅니다.

그러니 자신에 대해 함부로 아무렇게나 말하지 않았으면 좋겠습니다.

사건 하나하나마다 의미를 부여하면서 스스로를 멋대로 정체화하지 말아요.

어떤 외부의 기대에도 부응하려 하지 말아요.

당신은 당신이 바라는 삶을 살기 위해

아침에 일어나 적어도 하루에 두 끼 밥을 챙겨 먹고

하나쯤 취미를 가지고

일과 사람을 심플하게 사랑하는 정도로 노력하면 그만입니다.

굳이 완벽할 필요가 없는데도, 부러지기 직전까지 완고하게 버티거나 휘둘릴 의무가 없는데도 그런 역할을 꿋꿋이 해내지 말아요.

당신이 가진 심리적 문제 자체는 당신을 가리켜 실패자라고 말하는 것도 아니고, 당신이 다른 사람들에게 사랑받지 못할 존재라고 말하는 것도 아니며, 당신이 가치 없는 존재라고 말하는 것도 아닙니다.

당신이 폐렴이나 암에 걸렸다 해서 실패자인 것도, 사랑받지 못할 존재인 것도, 무가치한 존재인 것도 아니듯, 심리적 문제는 그저 당신이 적절한 치료를 받을 때라는 걸 말해줄 뿐입니다. 그저 잠시 쉬어갈 때입니다.

그러나 어느 순간 당신을 잠식한 우울과 불안은 당신에게 딱 그렇게 말할 겁니다.

'당신은 실패자이며, 사랑받지 못할 사람이며, 가치 없는 사람이다.'

혐오스러운 목소리는 차츰 더 커지고 다채로워집니다. 여러 변주를 해가며 당신을 무력감과 무망감에 깊숙이 담가버립니다. 우울을 경험해본 사람들은 그 아득한 절망감이 무엇인지 잘 알 것입니다.

하지만 그 목소리에 취해 역할극을 해내기 시작하면 안 됩니다. 우울, 불안, 내향성, 완벽주의, 의존성, 억울감, 이상적 자기, 죄책감 등이 당신을 정체화하는 데 전적으로 기여하게 내버려두지 마세요. 노력 끝에 그 프레임에서 벗어날라치면 겪게 되는 당혹감이나 낯선 감정에 놀라 다시 그 껍데기 안으로 들어가지 말아요.

인간은 원래 복잡합니다.

우울하면서 행복할 수 있고, 실패하면서 배울 수 있고, 관계를 지속하면서 독립할 수 있습니다. 불안정 애착인 채로 자라난 성인이라도 새로운 안정 애착관계가 만들어지면 5년 이내에 '획득된 안정 애착'으로 변화한다는 연구도 기억해주세요.

아니어도 상관없지만요.

다만 단일한 정체성을 손에 꼭 붙들고 이걸 어떻게 해결해야 하나 종종거리지 마세요.

당신은 아직 당신을 모릅니다.

성취로 정체감을 형성하지도 말아요.

많은 사람들이 직장 생활 중의 불행감을 말합니다. (전업주부인 경우 집이 직장이고요.*) 불확실성과 통제 불가능성이 끊임없이 당신을 위협하고, 나는 이런 일밖에 하지 못하는 사람인가 하는 생각에 자기가치감이 자꾸만 낮아집니다.

하지만 직장에서 꼭 자아실현을 해야만 하는 것은 아닙니다. 자아실현은 직장에서 모은 돈을 가지고 다른 곳에서 해도 됩니다. 다른 사람에게 도움을 주고 싶다면 돈을 모아 기부하면 됩니다. 더 많은 공부를 하고 싶다면 직장 생활로 모은 돈을 가지고 좋은 세미나 그룹을 찾아 참여하거나 모임을 스스로 만들 수도 있습니다.

직업이나 성취는 당신을 구성하는 여러 조각들 가운데 하나입니다. 책임감을 갖고 좋은 동료들과 멋진 성취를 이루려 최선을 다하는 '태도' 외에, 직장에서의 성취나 지위로 자신을 말하려 하지 말아요. 자기 역할의 중요성을 자신과 타인

• 주부의 경우 집이 직장이기에 집에서 불행감을 경험하기 시작하면 문제가 만성화되고 심화될 가능성이 높습니다. 퇴근 후 돌아가 쉴 집이 없으니까요.

에게 강조할 필요도 없습니다. 그것도 자의식 과잉입니다. 어떤 일을 하는 사람이 꼭 나여야 한다는 생각을 가지면 불필요한 힘이 들어갑니다. 감정노동에 휘말려 소진되기 쉽고요.

실제로 자신이 속한 그룹의 대표성을 굳이 짊어지고 성취를 이루려 하면 그만큼 수행 수준이 낮아진다는 연구 결과도 있습니다.

자기 자신에게 자꾸 큰 의미를 부여하면서, 그렇게 점점 커진 삶의 의미를, 혹은 삶의 의미가 부재한 자리를 감당하려 하지 마세요.

누굴 위해 살지 말아요.

당신이 행복해지는 것이 최우선이에요.

* * *

대인관계나 타인과의 비교를 통해 공허감이나 자기개념을 채우려 하지 마세요.

최근 연구를 보면, 자존감이 높아서 사회적 지지를 받게 되는 경우는 있어도 사회적 지지를 받으면서 자존감이 높아지는 패턴은 입증되지 못했습니다.

특히 대인관계의 폭에 집착해 SNS 활동을 하는 식의 노력은 하지 마세요. 자신이 '보여주기를 원하는' 일상이나 인간관계를 가상의 광장에 게시하는 것 역시 개인의 불편감, 박탈감, 열등감 형성에 영향을 미칩니다.

〈그들은 나보다 더 행복하고 더 나은 삶을 살고 있다They are happier and having better lives than I am〉라는 연구논문에서도 이러한 개인의 불행감이 몹시 잘 드러납니다. SNS를 접하면서 자동적으로 하게 되는 사회적 비교는, 나보다 힘들어 보이는 사람보다는 행복해 보이는 사람을 대상으로 이뤄지기에 열등감, 시기심, 불안정한 자존감을 심화합니다.

지극히 단순화해서, 나에게 SNS 친구가 365명 있는데 그들이 매일같이 불면과 슬픔과 걱정으로 분투하다 각자 1년에 단 하루씩만 좋은 일이 생겨 각자 단 한 차례만 행복해 보이는 사진을 업로드한다고 칩시다. 그러면 나는 산술적으로 타인에게 생긴 좋은 일을 365일 매일같이 목격하게 됩니다. 결국 '나는 왜 파티에 초대받지 못하지?' '나는 왜 휴일 저녁에 약속이 없지?' 같은 질문으로 자기 자신의 우울을 자리매김하며 답 없는 질문을 매일같이 반복할 수밖에 없습니다. 당신에게도 365일 중 단 하루는 좋은 일이 분명 있었을 텐데 말이죠.

당신에 대해 함부로 이야기하지 말 것

그 사람도 살기 위해 노력하고 있습니다. 보이지 않을 뿐이에요.

나도 그래요. 우리는 각자 그렇게 살아내고 있습니다.

그러니 멋대로 자신과 타인의 삶의 가치를 단순화해 라벨링하고, 그 프레임에 맞는 정보를 끌어다 붙이지 마세요.

* * *

또한 틈틈이, 당신 인생에 중요하지 않은 사람과 중요한 사람을 구분해야 합니다.

살다 보면 누군가에게 수치심, 열등감, 적대감, 때로는 살의까지도 느끼겠지만 그런 부정적인 감정이 치밀 때마다 그 사람이 정말로 내 인생을 통틀어 그렇게까지 의미 있는 존재인지 변별해야 합니다. 그러면 대부분이 그렇지 않다는 사실을 알게 될 겁니다.

일종의 스팸 문자 같은 것입니다.

당신을 이용하려는 스팸 문자가 와서 당신의 일이 방해받았을 때, 그 전화번호로 일일이 전화해 내 전화번호를 어떻게 알았냐, 왜 나한테 전화한 거냐, 의도가 뭐냐, 하며 따질 필요 없습니다. 그냥 한번 쓱 훑어보고 차단 버튼을 누른 후 당신의 일을 하면 됩니다.

그 사람이 내 인생에 어떤 의미도 없는 사람임을 인식할 때, 바로 그때 나를 괴롭히던 감정들이 고요해지는 것을 경험하게 됩니다. 오래된 분노 끝에 그 사람을 이해해보려고도 했겠지요. 그 사람 인생과 맥락을 고려할 때 그 사람이라면 그런 이야기를 할 수도 있겠다, 따위의 생각들. 그것도 좋습니다. 그러나 그 시기마저 넘어서면 어느새 그의 행동이나 코멘트는 더 이상 내 삶을 흔들 만큼 중요하지 않고, 때로는 하찮게도 보입니다.

당신은 스스로에게나, 타인에게나 화내지 않고 당신의 품위를 지켜낼 수 있습니다.

당신 삶에 중요하지 않은 사람들에게 사랑받기 위해 다른 모습의 내가 되기를 공상하지도 마세요. 내가 현실로 간주하고 있던 부정적인 자기정체감과 가혹한 비난이, 내가 다정하게 받아들인 나에 대한 생각과 느낌에 자리를 내어줄 수 있도록, 나의 복잡다양한 이야기들에 힘을 실어주세요.

우스갯소리가 아니라, 당신은 내향적이면서 외향적인 기술 몇몇을 가지고 있고, 예민하지만 몇몇 부분에서는 조금은 둔감할 줄 알며, 타인의 무례에 쉽게 상처받지만 금세 타인의 입장을 살필 줄 알고, 우울하고 불안하기에 남들이 보지 못하는 세상을 볼 줄 압니다.

당신의 모든 측면에 더 상냥하게 대해주고, 스스로에게 더 자비로워도 됩니다. 가장 사랑하는 사람에게 할 수 있는 말을 하세요. 스스로를 무례하게 대하지 마세요.

우리는 재양육 과정을 통해 점차 단단해질 수 있고, 불안의 소용돌이에서 우아하게 고개를 들고 걸을 수 있고, 나를 감정의 쓰레기통으로 여겨온 사람들의 접근을 거부할 수 있습니다.

* * *

이 모든 것은 천천히,

천천히 진행하세요.

아직 오래되고 깊은 상처들이 딱지도 아물지 않았는데 얼마나 새살이 돋았는지 궁금한 나머지 조급하게 떼어내고 또 떼어내면서, '나아지고 있는 거야? 왜 지금 웃고 있어? 이대로도 괜찮아?' 하며 타인과 자신을 시험에 들게 하지 마세요. 몇 년을 두고, 차츰 자신을 받아들여 주세요.

당신이 아무리 스스로에게 너그럽고 관대해져도, 당신은 여전히 노력할 것이고 여전히 누군가에게 민폐를 끼치지 않습니다. 천성이 그렇습니다. 이제는 당신 자신을 조금은 멋대로 둬도 되고, 더 수용해주고 이해해줘도 됩니다.

애인이든 치료자든 누군가 얼마 동안 당신을 안전하게 안아주고 토닥여준다면 그것도 참 좋겠지만, 그럴 누군가를 만날 상황이 안 된다면 스스로가 스스로를 계속해서 알아주면 돼요.

잘하고 있지, 너 잘하고 있지, 하며.

너 잘하고 있지, 잘해왔지.
다른 건 다 몰라도,
그건 내가 알지.

당신에 대해 함부로 이야기하지 말 것

우리는 우리를 너무도 모른 채 스스로를 정상이 아니라고 규정하고는, 건강한 자아를 갖기 위해 기를 쓰거나 지레 포기하고 맙니다.

그렇게 만성적인 부정적 사고와 본래의 자아를 분리해내지 못하고 그 안에 매몰되면서 자기 안의 수천 가지 얼굴을 들여다볼 기회를 잃습니다.

이 책에서는 뇌과학과 심리학이라는 두 가지 측면에서 '나'를 탐색할 수 있는 통로를 마련하고자 했습니다. 뇌과학과 심리학이 명확히 구분되는 것은 아니지만, 뇌 영상학적 연구 방법론으로 진행되는 심리학적·정신의학적 연구를 흔히 뇌과학 연구라 통칭하기에 이 책에서도 그런 구분을 따르고자 했습니다.

많은 뇌과학 연구는 감정과 사고의 신경생물학적 기제를 밝히는 것을 목적으로 합니다. 손에 잡히지 않는 마음의 문제를 뇌의 언어 혹은 인지적 언어로 설명함으로써 그 문제를 다룰 수 있도록 좋은 바탕을 제공해주지요.

이 책을 읽는 동안 무엇보다 낯선 뇌의 이야기에 지치지 않아주셔서 감사합니다. 행여 뇌의 영역과 기능을 알려고 너무 애쓰지는 말아요. 다만 복잡한 미로의 끝에 이것만 기억해주면 좋겠습니다.

사람들은 여행을 하다 다리가 아픈 날이면 "오늘은 피곤해서 좀 천천히 갈게" 하며 자연스게 다리 탓을 하고, 일을 하다 손가락을 베이면 "손가락을 다쳐서 당분간은 일이 힘들 것 같아" 하며 손 탓을 하고 잠시 쉬어가지만, 뇌의 기능에 문제가 발생해 생기는 여러 정신건강 문제에 대해서는 좀처럼 뇌를 탓하지 않습니다. 내가 무기력한 것, 불안한 것, 우울한 것, 자존감이 낮거나 타인을 의식하는 것을 그저 '나의 탓'으로 돌립니다.

그러나 '이건 뇌의 탓이야' 해도 된다는 말씀을 드리고 싶었습니다. 그게 더 과학적이고요.

그저 나의 뇌가 이렇게 한다고 했구나, 뇌의 오작동으로 길을 잃긴 했지만 나도 모르게 오랫동안 축적되어온 수십 년의 과학적 연구들이 내가 돌아갈 길의 불을 밝히고 있구나, 하며 어렴풋이나마 자신의 역동과 문제를 손에 닿을 듯 이해하는 데 도움을 받는 재료로 사용해주세요. 나의 노력과 관계없는 불운이 어느 날 닥쳐 나의 세상이 흔들리는 날이면, 뇌에게 타박도 좀 하고 또 어떤 날은 상황을 살펴 조금쯤 뇌가 유치하게 쉬어갈 여지를 주시기를 부탁드립니다. 그 친구도 한다고 했어요. 최선을 다해왔습니다.

이 책을 쓰면서 연구 내용을 단순화해 설명하는 것 같아 내심 아쉬웠지만, 참고문헌을 통해 연구자들의 이야기를 좀 더 심도 있게 살펴볼 기회를 가져도 좋겠습니다.

임상심리학 부분에서는 심리학자들이 연구하거나 제언한 바를 바탕으로, 임상 문제를 경험하고 있는 사람들의 이야기 자체에 집중하고 싶었습니다.

정신병리를 평가·연구하고 진단 및 치료적 개입을 고려하는 임상심리학은 정신질환을 다루는 심리학 영역이기에, 제게는 익숙한 사례들임에도 여러분은 꽤 무거운 마음으로 글을 읽었으리라 생각합니다. 이야기들이 생경하게 느껴지고 부담스러웠다면, 다행입니다. 정말 다행이에요. 이런 경험을 하지 않았다면, 감사할 따름입니다. 그러나 어떤 분들은 이 책에 실린 에피소드가 혹시 '내 얘기'처럼 들렸을지도 모릅니다. 수많은 사례들을 하나의 글로 만들어 각 에피소드를 구성했기에 우리 각자의 문제가 투사되었기 때문일 테지요.

원래 정상인 사람은 없고 마냥 행복한 가정도 없지요. 프로이트는 정신적 '정상' 상태를 '약간의 히스테리a little hysteric' '약간의 편집a little paranoid' '약간의 강박a little obsessive'으로 정의했습니다.

우리가 이렇죠, 뭐.

우리는 충분히 불충분하고 완전히 불완전합니다.

이 정도로도 괜찮습니다.

마지막으로, 당신에게 그동안 많은 운이 따랐다는 것을 천천히 알아내길 바란다는 이야기를 하고 싶습니다.

당신이 이 책을 읽으며 시니컬한 농담에 웃을 수 있었던 인지적 자원과 신체 기능, 온라인과 오프라인 서점에서 책을 구매하는 일이 낯설지 않을 수 있었던 사회문화적 인프라 경험, 부모의 잘못된 부분을 비판하거나 우울에 관한 글을 스스로 적어 내려갈 수 있는 언어적 표현력, 그리고 타인의 무례함을 인식하고 불쾌해할 수 있는 도덕적 수준 같은 것들은, 물론 당신이 노력해서 성취한 부분도 있겠지만 운에 기대어 얻게 된 부분이 더 큽니다.

우연에서 비롯한 유전적인 조합들,
우연히 함께하게 된 가족과 주변 사람들,
그리고 우연한 기회의 학습 경험들이
당신의 많은 부분을 결정해왔습니다.

높은 지능이 우울과 불안을 불러온다는 연구 결과가 말해주듯이, 창의성이 높을수록 우울해진다는 연구 결과가 말해주듯이, 그리고 누군가의 취약성이나 결함이 드러날 때 그에 대한 호감이 늘어난다는 연구 결과가 말해주듯이, 당신을 절망하게 했고 당신이 저주했던 어떤 요인은 당신이 간과한 당신 행운의 일부였습니다.

무심코 지나치거나 쉽게만 보았던 당신의 행운들을 인식하기 시작하는 그때, 그 정도의 행운마저 (우연히) 주어지지 않은 사회적 약자들을 언젠가는 생각해주시기 바랍니다.
괜찮은 지능, 괜찮은 사회경제적 상태, 괜찮은 교육, 괜찮은 사회적 지지 시스템은 정신건강 문제에서 매우 의미 있는 완충 효과를 가져오지만, 이런 자원들은 대부분 개인의 노력보다는 운에서 비롯합니다.

인지적 자원이 충분하지 않은 사람들은 어떤 방식의 심리치료를 받아야 할까요? 달리 말해, 그런 경우 어떻게 하면 자기 자신에 대한 통찰을 얻을 수 있을까요? 아니, 꼭 얻어야 할까요?

지각된 사회경제적 상태나 지지 시스템이 빈약한 것은 어떻습니까? 사실 여기서 중요한 지점은 '지각知覺, perception'이라는 개념입니다. 연구 결과에 따르면, 사람들에게는 실제 상태보다 지각된 사회경제적 상태, 지각된 사회적 지지 시스템이 문제였습니다. 이들에게 사회가 그들을 지지하고 있음을 어떻게 느끼게 해줄 수 있을까요?

그러나 이 모든 문제는, 우선 당신이 어느 정도 행복해진 다음에 고민해주세요.

당신이 행복해야 다른 사람을 어떻게 행복하게 할 수 있을지도 알 수 있습니다. 언제나 당신이 먼저이길 바랍니다.

이 책에 등장하는 여러 사례들, 그에 건네는 이야기들은 제게도 고통스럽긴 마찬가지였습니다. 하루에도 몇 번씩 오르내리는 심약한 자존감을 갖고 살아가는 저로서는 이 주제들이 무엇 하나 쉬운 게 없었습니다. 연구실과 임상 이야기를 오가며 조금은 냉정한 글을 쓰자고 다짐했건만, 저 자신과 당신에 대한 슬픔, 안도감, 고통감, 감사함이 뒤엉켜 처음의 그런 다짐이 점점 무색해져갔습니다.

가끔씩 삶의 단계마다 이 책의 이야기들을 들여다보면 각각의 글이 다르게 읽힐 수도 있을 것입니다. 당신 마음의 형태가 끊임없이 바뀌면서 어느 때는 아프고, 어느 때는 짜증스럽고, 어느 때는 무심하게 읽힐 테지만, 그렇게 당신은 부단히 성숙해나가겠지요.

그리고 이 이야기들에 당신의 이야기를 얹어, 주위 사람들에게 제법 그럴듯한 통찰을 들려줄 수도 있을 것입니다.

그리고 수천 가지의 이야기로 만들어진 당신을 어느 한 가지의 이유로 그 누구도 다치게 할 수 없음을, 끊임없는 새로운 기대가 당신의 거대한 이야기를 천천히 확장시킬 수 있음을, 천천히 알아나가길 진심으로 기도하고 바랍니다.

읽어주셔서 감사합니다.

이 책이 단 한 명의, 단 한 조각의 마음의 형태라도 비춰

주기를.

당신의 죄책감과 슬픔을 부디 덜 수 있기를.

나도 아직 나를 모른다

1　기능 적자기공명영상functional magnetic resonance imaging, fMRI 연구로 확인한, 후측 뇌섬엽posterior insula.

2　확산 자기공명영상diffusion magnetic resonance imaging, diffusion MRI 기법으로 확인한, 복측 선조체ventral striatum.

3　내측 전전두피질medial prefrontal cortex.

4　뇌의 회백질 안쪽, 신경섬유다발로 이루어진 백질회로white matter pathway가 두 영역을 잘 연결해주고 있었습니다.

5　뚜렷한 개념적 구분과 달리, 현재까지의 일반인 대상 뇌 영상 연구에 따르면 자존감 전반은 '외현적 자존감'과 '내현적 자존감'이라는 분류에 상관없이 공통된 뇌 영역에서 처리되는 것으로 보입니다. 높은 외현적 자존감에는 배내측 전전두피질dorsomedial prefrontal cortex과 편도체amygdala가 더 관여한다는 보고도 있지만, 대체로 내측 전전두피질, 설전부/후측 대상피질precuneus/posteria cingulate cortex, 복내측 전전두피질ventromedial prefrontal cortex, 복측 선조체, 슬하 전측 대상피질subgenual anterior cingulate이 두 가지 유형의 자존감을 구분 없이 처리합니다.

6　내측 전전두피질.

7　다른 학자들이 자신들의 논문에 인용한 횟수를 가리키는 '피인용 횟수'는 학술논문의 영향력을 보여주는 중요한 지표 가운데 하나입니다. 《나도 아직 나를 모른다》 초판에는 비스월의 논문 피인용 횟수가 2018년 기준 6,000여 건으로 기록되어 있으니, 2

년여 사이에 관련 연구가 얼마나 활발히 진행되었는지 짐작해볼 수 있습니다.

8 DMN에 속하는 뇌의 영역들은 자의식, 자기개념 같은 자기참조적self-referential 정보 처리 영역과 겹치고, 타인의 마음을 추론하는mentalisaion/theory of mind 사회적 상호 정보 처리 영역과도 겹칩니다. 연구자들은 이를 우연이라 보지 않았습니다.

9 대뇌 변연계에 존재하는 아몬드 모양의 뇌 부위인 편도체는 정상적인 정서 반응뿐만 아니라 기분장애, 불안장애와 관련해 특징적인 활성화를 보여줍니다.

10 배측 전대상피질dorsal anterior cingulate cortex과 전측 뇌섬엽anterior insula.

11 배측 전대상피질.

12 양쪽 편도체, 부해마parahippocampus, 전측 측두극anterior temporal pole, 전측 상측두회 anterior superior temporal gyrus, 좌측 배외측 전전두피질 등.

13 전대상피질은 고차원적 인지기능을 담당하는 대뇌의 전전두피질prefrontal cortex과 내측 전두이랑medial frontal gyrus 안쪽에 자리 잡고 있으며 인지 및 정서적인 정보를 통합하는 기능을 담당합니다.

14 좌측 외측 전전두피질lateral prefrontal cortex, 복측 선조체, 상측두회superior temporal gyrus, 해마 주변 영역parahippocampal region.

15 연구자들은 '경두개 자기자극술transcranial direct current stimulation, tDCS'을 통해 이 영역의 활동성을 일시적으로 증가시켰다 감소시켰다 하며 연구를 진행했습니다. 뇌의 활동성을 일시적으로 마비시키는 연구를 하다니 조금은 악취미로 보이겠지만, 특정 뇌 부위를 일시적으로 억제했을 때야 비로소 그 영역의 기능이 뚜렷이 드러납니다. 이후 경두개 자기자극술과 달리 뇌에 실제로 상처를 내지 않는 '비침습적 두뇌 자극술 non-invasive brain stimulation techniques'이 발전했고, 현재 연구의 한 기법으로 널리 활용되고 있습니다.

나도 아직 나를 모른다

○

용어 설명

더 자세히 이해하고 싶다면 살펴봐야 할 뇌의 언어

내측 전전두피질medial prefrontal cortex
전두엽의 앞쪽을 감싸고 있는 피질의 안쪽 영역. 작업 기억, 주의, 억제, 자기개념, 문제 해결, 타인의 마음 읽기 등 고차원적 인지기능이 이루어진다.

뇌섬엽insula
전두엽과 측두엽으로 덮여 보이지 않는 대뇌피질 부위. 주로 감정을 경험하고 인식하는 데 관여하며, 자기지각 및 공감과 관련 있다.

대상피질 cingulate cortex
좌뇌와 우뇌를 잇는 신경다발의 주위를 감싸고 있다. 특히 전대상피질은 신체적 고통에 따른 통증 정보를 처리하고, 거절당하는 경험 같은 심적 고통에도 반응하며, 정서, 주의, 충동 조절 및 의사결정에 관여한다.

백질회로white matter pathway
회백질과 회백질 사이를 연결하는 신경섬유. 정보를 전달하는 통로 역할을 한다.

상측두회 superior temporal gyrus
측두엽에 속한 영역으로 언어 및 청각 자극 처리, 시선이나 몸짓의 사회적 의미를 읽어내는 일 등에 핵심적인 영역이다.

선조체 striatum

뇌 중앙 깊이 위치한 영역으로 뇌의 보상 회로에 속한다. 행동과 보상을 연관시키며, 동기, 계획, 의사결정에 관여한다.

전전두엽 prefrontal lobe

이마 바로 뒤쪽에 위치한 전두엽의 앞부분. 추론하고 계획하는 기능과 행동을 억제하고 개시하는 등 고차원적 인지기능을 담당한다.

중격핵 nucleus accumbens

보상과 관련된 자극 및 정서를 조절하고 통합하는 역할을 한다.

측두극 temporal pole

청각 정보가 일차적으로 전달되는 영역. 얼굴 인식 등 심화된 시각 정보에도 관여하며 의미 기억을 처리한다.

측두두정 접합 temporoparietal junction

측두엽과 두정엽이 접합되는 부위에 위치한다. 사회적 상호작용과 관련한 기능을 수행하는 핵심 영역으로, 타인의 감정에 공감하고 타인의 관점을 이해하는 데 관여한다.

편도체 amygdala

아몬드 모양 뇌 구조물로 공포나 분노, 불안 등 감정과 관련된 학습 과정에 매우 중요한 역할을 한다. 정서와 관련한 기억, 의사결정에도 핵심적인 영역이다.

해마 hippocampus

학습과 기억을 담당한다. 해마의 손상은 알츠하이머 병에서의 기억 상실 등을 야기한다.

회백질 grey matter

뇌와 척수를 육안으로 관찰할 때 회백색으로 보이는 부분.

---

* 뇌의 각 영역을 세부적으로 설명하기 위해 뇌와 뇌 구조물 명칭 앞에 위치도 함께 표기했다. 앞부분은 '전측', 윗부분은 '배측', 아랫부분은 '복측', 가운데 또는 안쪽은 '내측', 양옆 부분은 '외측'으로 나타낸다. 예를 들어 '복측 선조체'라 하면, 선조체 영역에서 아랫부분을 뜻한다.

참고문헌

더 자세히 알고 싶다면 살펴봐야 할 논문들

낮은 자존감

Chavez, R. S., & Heatherton, T. F. (2014). Multimodal frontostriatal connectivity underlies individual differences in self-esteem. Social Cognitive and Affective Neuroscience, 10(3), 364-370.

Chavez, R. S., & Heatherton, T. F. (2017). Structural integrity of frontostriatal connections predicts longitudinal changes in self-esteem. Social Neuroscience, 12(3), 280-286.

Eisenberger, N. I., Inagaki, T. K., Muscatell, K. A., Haltom, K. E. B., & Leary, M. R. (2011). The neural sociometer: brain mechanisms underlying state self-esteem. Journal of Cognitive Neuroscience, 23(11), 3448-3455.

Frewen, P., Thornley, E., Rabellino, D., & Lanius, R. (2017). Neuroimaging the traumatized self: fMRI reveals altered response in cortical midline structures and occipital cortex during visual and verbal self-and other-referential processing in women with PTSD. European Journal of Psychotraumatology, 8(1), 1314164.

Jaffee, S. R. (2017). Child maltreatment and risk for psychopathology in childhood and adulthood. Annual Review of Clinical Psychology, 13, 525-551.

van Schie, C. C., Chiu, C. D., Rombouts, S. A., Heiser, W. J., & Elzinga, B. M. (2020).

Stuck in a negative me: fMRI study on the role of disturbed self-views in social feedback processing in borderline personality disorder. Psychological Medicine, 50(4), 625-635.

외현적 자존감과 내현적 자존감

Alkozei, A., Smith, R., & Killgore, W. D. (2019). Implicit self-esteem is associated with higher levels of trait gratitude in women but not men. The Journal of Positive Psychology, 14(5), 587-592.

Bosson, J. K., Lakey, C. E., Campbell, W. K., Zeigler-Hill, V., Jordan, C. H., & Kernis, M. H. (2008). Untangling the links between narcissism and self-esteem: A theoretical and empirical review. Social and Personality Psychology Compass, 2(3), 1415-1439.

Izuma, K., Kennedy, K., Fitzjohn, A., Sedikides, C., & Shibata, K. (2018). Neural activity in the reward-related brain regions predicts implicit self-esteem: A novel validity test of psychological measures using neuroimaging. Journal of Personality and Social Psychology, 114(3), 343-357.

Rameson, L. T., Satpute, A. B., & Lieberman, M. D. (2010). The neural correlates of implicit and explicit self-relevant processing. NeuroImage, 50(2), 701-708.

Rash, J. A., Matsuba, M. K., & Prkachin, K. M. (2011). Gratitude and well-being: Who benefits the most from a gratitude intervention?. Applied Psychology: Health and Well-Being, 3(3), 350-369.

Renner, F., Siep, N., Lobbestael, J., Arntz, A., Peeters, F. P., & Huibers, M. J. (2015). Neural correlates of self-referential processing and implicit self-associations in chronic depression. Journal of Affective Disorders, 186, 40-47.

Rudman, L. A., Dohn, M. C., & Fairchild, K. (2007). Implicit self-esteem compensation: Automatic threat defense. Journal of Personality and Social Psychology, 93(5), 798-813.

Yang, J., Dedovic, K., Guan, L., Chen, Y., & Qi, M. (2014). Self-esteem modulates

나도 아직 나를 모른다

dorsal medial prefrontal cortical response to self-positivity bias in implicit self-relevant processing. Social Cognitive and Affective Neuroscience, 9(11), 1814-1818.

자기수용

Baumeister, R. F., Campbell, J. D., Krueger, J. I., & Vohs, K. D. (2003). Does high self-esteem cause better performance, interpersonal success, happiness, or healthier lifestyles?. Psychological Science in the Public Interest, 4(1), 1-44.

Biswal, B., Zerrin Yetkin, F., Haughton, V. M., & Hyde, J. S. (1995). Functional connectivity in the motor cortex of resting human brain using echo–planar MRI. Magnetic Resonance in Medicine, 34(4), 537-541.

Carhart-Harris, R. L., & Friston, K. J. (2010). The default-mode, ego-functions and free-energy: a neurobiological account of Freudian ideas. Brain, 133(4), 1265-1283.

Salone, A., Di Giacinto, A., Lai, C., De Berardis, D., Iasevoli, F., Fornaro, M., ⋯ & Giannantonio, M. D. (2016). The interface between neuroscience and neuro-psychoanalysis: focus on brain connectivity. Frontiers in Human Neuroscience, 10, 20.

Van Den Heuvel, M. P., & Pol, H. E. H. (2010). Exploring the brain network: a review on resting-state fMRI functional connectivity. European Neuropsychopharmacology, 20(8), 519-534.

Vatansever, D., Menon, D. K., & Stamatakis, E. A. (2017). Default mode contributions to automated information processing. Proceedings of the National Academy of Sciences, 201710521.

애정 결핍과 의존성

Atzil, S., Hendler, T., & Feldman, R. (2011). Specifying the neurobiological basis of human attachment: brain, hormones, and behavior in synchronous and intrusive mothers. Neuropsychopharmacology, 36(13), 2603-2615.

Bakermans-Kranenburg, M. J., & van IJzendoorn, M. H. (2009). The first 10,000 Adult Attachment Interviews: Distributions of adult attachment representations in clinical and non-clinical groups. Attachment & Human Development, 11(3), 223-263.

Debbané, M., Badoud, D., Sander, D., Eliez, S., Luyten, P., & Vrtička, P. (2017). Brain activity underlying negative self-and other-perception in adolescents: The role of attachment-derived self-representations. Cognitive, Affective, & Behavioral Neuroscience, 17(3), 554-576.

DeWall, C. N., Masten, C. L., Powell, C., Combs, D., Schurtz, D. R., & Eisenberger, N. I. (2011). Do neural responses to rejection depend on attachment style? An fMRI study. Social Cognitive and Affective Neuroscience, 7(2), 184-192.

Krause, A. L., Borchardt, V., Li, M., van Tol, M. J., Demenescu, L. R., Strauss, B., ··· & Walter, M. (2016). Dismissing attachment characteristics dynamically modulate brain networks subserving social aversion. Frontiers in Human Neuroscience, 10, 77.

Lemche, E., Giampietro, V. P., Surguladze, S. A., Amaro, E. J., Andrew, C. M., Williams, S. C., ··· & Simmons, A. (2006). Human attachment security is mediated by the amygdala: Evidence from combined fMRI and psychophysiological measures. Human Brain Mapping, 27(8), 623-635.

Norman, L., Lawrence, N., Iles, A., Benattayallah, A., & Karl, A. (2014). Attachment-security priming attenuates amygdala activation to social and linguistic threat. Social Cognitive and Affective Neuroscience, 10(6), 832-839.

Rijkeboer, M. M., Daemen, J. J., Flipse, A., Bouwman, V., & Hagenaars, M. A. (2020). Rescripting experimental trauma: Effects of imagery and writing as a way to reduce the development of intrusive memories. Journal of Behavior Therapy and Experimental Psychiatry, 67, 101478.

불안과 완벽주의

Barke, A., Bode, S., Dechent, P., Schmidt-Samoa, C., Van Heer, C., & Stahl, J. (2017). To err is (perfectly) human: behavioural and neural correlates of error processing

나도 아직 나를 모른다

and perfectionism. Social Cognitive and Affective Neuroscience, 12(10), 1647-1657.

Curran, T., & Hill, A. P. (2017). Perfectionism is increasing over time: A meta-analysis of birth cohort differences from 1989 to 2016. Psychological Bulletin.

DeWall, C. N., MacDonald, G., Webster, G. D., Masten, C. L., Baumeister, R. F., Powell, C., ··· & Eisenberger, N. I. (2010). Acetaminophen reduces social pain: Behavioral and neural evidence. Psychological Science, 21(7), 931-937.

Flett, G. L., Nepon, T., & Hewitt, P. L. (2016). Perfectionism, worry, and rumination in health and mental health: A review and a conceptual framework for a cognitive theory of perfectionism. In Perfectionism, health, and well-being (pp. 121-155). Springer International Publishing.

Frost, R. O., Marten, P., Lahart, C., & Rosenblate, R. (1990). The dimensions of perfectionism. Cognitive Therapy and Research, 14(5), 449-468.

Rijkeboer, M. M., Daemen, J. J., Flipse, A., Bouwman, V., & Hagenaars, M. A. (2020). Rescripting experimental trauma: Effects of imagery and writing as a way to reduce the development of intrusive memories. Journal of Behavior Therapy and Experimental Psychiatry, 67, 101478.

Weinberg, A., Olvet, D. M., & Hajcak, G. (2010). Increased error-related brain activity in generalized anxiety disorder. Biological Psychology, 85(3), 472-480.
Wu, D., Wang, K., Wei, D., Chen, Q., Du, X., Yang, J., & Qiu, J. (2017). Perfectionism mediated the relationship between brain structure variation and negative emotion in a nonclinical sample. Cognitive, Affective, & Behavioral Neuroscience, 17(1), 211-223.

억울감과 외부귀인

Blackwood, N. J., Howard, R. J., Bentall, R. P., & Murray, R. M. (2001). Cognitive neuropsychiatric models of persecutory delusions. American Journal of Psychiatry, 158(4), 527-539.

Decety, J., Michalska, K. J., Akitsuki, Y., & Lahey, B. B. (2009). Atypical empathic responses in adolescents with aggressive conduct disorder: a functional MRI investigation. Biological Psychology, 80(2), 203-211.

Giardina, A., Caltagirone, C., & Oliveri, M. (2011). Temporo-parietal junction is involved in attribution of hostile intentionality in social interactions: an rTMS study. Neuroscience Letters, 495(2), 150-154.

Lettieri, G., Handjaras, G., Ricciardi, E., Leo, A., Papale, P., Betta, M., ... & Cecchetti, L. (2019). Emotionotopy in the human right temporo-parietal cortex. Nature Communications, 10(1), 1-13.

Samson, D., Apperly, I. A., Chiavarino, C., & Humphreys, G. W. (2004). Left temporoparietal junction is necessary for representing someone else's belief. Nature Neuroscience, 7(5), 499-500.

Seidel, E. M., Eickhoff, S. B., Kellermann, T., Schneider, F., Gur, R. C., Habel, U., & Derntl, B. (2010). Who is to blame? Neural correlates of causal attribution in social situations. Social Neuroscience, 5(4), 335-350.

Udachina, A., Varese, F., Oorschot, M., Myin-Germeys, I., & Bentall, R. P. (2012). Dynamics of self-esteem in 'poor-me' and 'bad-me' paranoia. The Journal of Nervous and Mental disease, 200(9), 777-783.

Wang, Y., Luppi, A., Fawcett, J., & Anderson, M. C. (2019). Reconsidering unconscious persistence: Suppressing unwanted memories reduces their indirect expression in later thoughts. Cognition, 187, 78-94.

날선 방어

Bushman, B. J. (2002). Does venting anger feed or extinguish the flame? Catharsis, rumination, distraction, anger, and aggressive responding. Personality and Social Psychology Bulletin, 28(6), 724-731.

Chue, A. E., Gunthert, K. C., Ahrens, A. H., & Skalina, L. M. (2017). How does social anger expression predict later depression symptoms? It depends on how often one

나도 아직 나를 모른다

is angry. Emotion, 17(1), 6-10.

Jackson, M. C., Linden, D. E., & Raymond, J. E. (2014). Angry expressions strengthen the encoding and maintenance of face identity representations in visual working memory. Cognition & Emotion, 28(2), 278-297.

Lewis, S. J., Arseneault, L., Caspi, A., Fisher, H. L., Matthews, T., Moffitt, T. E., ... & Danese, A. (2019). The epidemiology of trauma and post-traumatic stress disorder in a representative cohort of young people in England and Wales. The Lancet Psychiatry, 6(3), 247-256.

Menon, M., Schmitz, T. W., Anderson, A. K., Graff, A., Korostil, M., Mamo, D., ⋯ & Kapur, S. (2011). Exploring the neural correlates of delusions of reference. Biological Psychiatry, 70(12), 1127-1133.

Pankow, A., Katthagen, T., Diner, S., Deserno, L., Boehme, R., Kathmann, N., ⋯ & Schlagenhauf, F. (2015). Aberrant salience is related to dysfunctional self-referential processing in psychosis. Schizophrenia Bulletin, 42(1), 67-76.

Peschard, V., & Philippot, P. (2017). Overestimation of threat from neutral faces and voices in social anxiety. Journal of Behavior Therapy and Experimental Psychiatry, 57, 206-211.
Tavris, C. (1984). On the wisdom of counting to ten: Personal and social dangers of anger expression. Review of Personality & Social Psychology, 5, 170-191.

우울감과 삶의 의미

Ding, Y., Lawrence, N., Olie, E., Cyprien, F., Le Bars, E., Bonafe, A., ⋯ & Jollant, F. (2015). Prefrontal cortex markers of suicidal vulnerability in mood disorders: a model-based structural neuroimaging study with a translational perspective. Translational Psychiatry, 5(2), e516.

Hamilton, J. P., Siemer, M., & Gotlib, I. H. (2008). Amygdala volume in major depressive disorder: a meta-analysis of magnetic resonance imaging studies.

Molecular Psychiatry, 13(11), 993-1000.

He, Q., Turel, O., & Bechara, A. (2017). Brain anatomy alterations associated with Social Networking Site (SNS) addiction. Scientific Reports, 7, 45064.

Joormann, J., Cooney, R. E., Henry, M. L., & Gotlib, I. H. (2012). Neural correlates of automatic mood regulation in girls at high risk for depression. Journal of Abnormal Psychology, 121(1), 61-72.

Kempton, M. J., Salvador, Z., Munafò, M. R., Geddes, J. R., Simmons, A., Frangou, S., & Williams, S. C. (2011). Structural neuroimaging studies in major depressive disorder: meta-analysis and comparison with bipolar disorder. Archives of General Psychiatry, 68(7), 675-690.

Videbech, P., & Ravnkilde, B. (2004). Hippocampal volume and depression: a meta-analysis of MRI studies. American Journal of Psychiatry, 161(11), 1957-1966.

Yolken, R., Stallings, C., Origoni, A., Katsafanas, E., Sweeney, K., Squire, A., & Dickerson, F. (2019). Exposure to household pet cats and dogs in childhood and risk of subsequent diagnosis of schizophrenia or bipolar disorder. PloS one, 14(12), e0225320.

Yoon, S., Kleinman, M., Mertz, J., & Brannick, M. (2019). Is social network site usage related to depression? A meta-analysis of Facebook-depression relations. Journal of Affective Disorders, 248, 65-72.

Wise, T., Radua, J., Via, E., Cardoner, N., Abe, O., Adams, T. M., ⋯ & Dickstein, D. P. (2017). Common and distinct patterns of grey-matter volume alteration in major depression and bipolar disorder: evidence from voxel-based meta-analysis. Molecular Psychiatry, 22(10), 1455-1463.